新潮新書

市川嘉一
ICHIKAWA Kaichi

交通崩壊

997

新潮社

はじめに

このままでは、日本の交通が危ない――。近年、そんなことを痛感する事象が相次いでいる。

廃止の動きが広がり出したJRのローカル線をはじめ、鉄道やバスなど地域の公共交通の衰退。EV（電気自動車）化や自動運転化の動きを強めるクルマの社会における位置づけ。本来禁じられているのに常態化している自転車の歩道走行。さらには新たに電動キックボードなども乗り上げ可能になることで、歩行者の安全が脅かされかねない歩道環境……。交通の様々な側面で起きているこうした事態に対し、有効な対策を講じなければ、近い将来にさらに深刻な問題を引き起こす恐れがあるのではないだろうか。

とりわけ、緊急を要する課題が地方鉄道の維持である。新型コロナウイルスの感染拡大後、既に廃線が進む地方民鉄・第三セクター鉄道やJRの3島会社（北海道、四国、九州）だけでなく、JR本州2社（東日本、西日本）までがコロナ前に比べ乗降客数が2割以上減り、今後も元には戻りそうもないとの理由から、これまで大都市部に比べ乗客数が極端に少ないながらも何とか持ちこたえてきたローカル線を廃止し、バスへの転換などを図ろうとしている。コロナ禍をきっかけにした構造的な利用者減を前に、新幹線や大都市圏輸送、商業施設の黒字分をもってローカル線の赤字を補塡してきた「内部補助」が限界に来たというのだ。旧国鉄が分割民営化でJRに移行した前後に実施された大規模な廃線が再び現実となるのだろうか。

しかし、そんなに簡単に廃線にしてよいのだろうか。確かに、鉄道は装置産業であり、バスよりも運行に際しカネのかかる贅沢な乗り物ではある。ただ海外、特に欧米の動きに目を転じると、むしろコロナ禍以降、過度なクルマ社会を是正するために地域公共交通、なかでも鉄軌道の充実強化に向けた取り組みが活発化している現実がある。

こうしたことが可能になるのは、欧米では基本的に「鉄道など公共交通は社会の共有財産」という国家の基本理念の下、線路などインフラは公共が保有し、運行は民間事業者に委ねる「上下分離」の考え方が支配的だからである。

これに対し、日本では鉄道事業者の大半がJRを含め民間であることから、慢性的な赤字が続けば、企業としての採算性を重視して、廃線になる確率が高まる。先進諸国の中でも特殊なこうした状況は近年、「ガラパゴス化している」と指摘される。

欧米でも公共交通事業の採算を度外視しているわけではない。時には廃止されることもある。ただ見逃せないのは、事業の黒字・赤字以上に「都市・地域としての黒字」を重視していることである。鉄軌道など地域の公共交通の利便性や快適性を高めることで、そこに住む住民の移動を活発にし、にぎわいを取り戻そうとの基本的な考え方がある。公共交通は事業単体での黒字・赤字で判断すべきものではなく、あくまで「移動の利便性」や「街のにぎわい」といった目的のための手段という位置づけだ。

すべてのローカル鉄道に上下分離手法を導入するのは難しいとしても、日本でももう少し「公共の関与」を強化しないと、中長期的にはローカル鉄道は日本から姿を消してしまいかねない。皮肉にも、日本では民間事業者がこれまで頑張って運営してきたが故に、公共交通への財政支出が世界的に見て驚くほど少ないという現実がある。

興味深い話がある。日本における都市計画の第一人者である谷口守・筑波大学教授は、学会出張でバルト三国のひとつ、エストニアの首都タリン市を訪れた。最新式のトラム（路面電車）の路線網が充実し、高頻度に運行されている実態を見て公共交通がすごく便利なまちとの印象を持ったことから、市の担当者に一般会計の何％ぐらいを公共交通に補助しているのかを尋ねたところ、「10％」との答えが返ってきた。当然、道路整備費が含まれているのかと思い、その割合を聞き返したら、道路整備費は別に10％あり、純粋に公共交通に対する補助だけで10％であるとの答えだった。谷口教授が、日本の都市自治体（市）を対象に一般会計での公共交通関連の支出を調べたら、1％以上支出している自治体はほとんどなかったという（日本都市センターブックレット『モビリティ政策による持続可能なまちづくり』参照）。

「国も自治体も財政難のため公共交通に使う財源がない」と嘆く前に、まずはこうした日本の実態を直視すべきだろう。要は政策の重点をどこに置いて支出するか、である。民間事業者が整備してきた大規模で高密度な鉄道ネットワークが張り巡らされた東京など大都市圏は別として、多くの日本の都市・地域における公共交通への財政支出はあまりにも貧弱である。欧米の地方都市に出かけて、充実した路線網と快適な車両のトラムなどを見るたびに、そうした思いを深くする。

ガラパゴス的なのは公共交通だけではない。歩道のあり方も同じだ。

法律（道路交通法）では自転車は車やバイクなどと同様、車両（軽車両）と位置付けられ、車道通行が原則で、車道の左側を走らなくてはいけないが、車道が狭いという特殊日本的な理由で、1978年の法改正で緊急避難的な措置として自転車の歩道通行が認められてしまった。自転車の歩道通行を認めているのは、先進諸国では唯一、日本だけである。その後、2008年に「自転車通行可」の道路標識がある、または高齢者や児童・幼児の運転などの場合を条件にした例外許可として、歩道通行（徐行のみ）が認められたが、それら例外事項など関係なく、多くの人たちが歩道上で悠然と自転車を走らせている。取り締まるべき警察も黙認するどころか、そもそもお巡りさんが歩道を自転車で走っていることも少なくない。この結果、歩道の主役である歩行者との接触・衝突事故が近年ますます深刻化している。

さらに懸念されるのは、その歩道（正確には、自転車通行可の自転車歩行者道）に2023年7月から、最高時速6㎞という速度制御を認められれば、電動キックボードなど新たな小型電動モビリティも自転車に準じた扱いとして原則禁止の歩道走行が例外許可されたことだ。鉄道・バスなど公共交通と同じく、ビジネスの論理が前面に出て、まちづくりや都市交通の視点が抜け落ちているのだ。

歩道を含めた道路交通に関して言えば、先進諸国では日本だけが交通規制権限が警察に握られている。そのため欧米の都市のように、自治体がまちづくりの観点から車道を削り、その分歩道を広げたり、路面電車を走らせたりするのはかなりハードルが高い。これもまた、ガラパゴス的な状況である。

自動車交通の分野でも、日本が技術で一歩進んだハイブリッド車にこだわるため、ここにきて世界的に広がりつつあるEV化が遅れていることも、ガラパゴス的な状況だとされている。クルマをめぐるガラパゴス化に関しては、公共交通や自転車・歩道のようには簡単に是非の判断はできないが、EV化と一体となって進む自動運転化とともに都市交通の観点から捉えなおす必要があるのではないだろうか。

以上の問題意識に立って本書は、良くも悪しくも独自に歩み続けてきたため、今や様々な形で弊害が目立ち始めている日本の都市・地域交通の問題を鉄道、路面電車、自動車交通、歩道環境の順に探っていきたい。

交通は人々の日々の暮らしを支えるだけでなく、快適なまちづくりにとっても大事な社会基盤である。我々国民が利用者の立場からグローバルな視野に立って考え直し、井の中の蛙的な状況から脱却することがまずは必要ではないだろうか。

交通崩壊——目次

第3章　遠ざかる路面電車ルネサンス

本文中の写真はすべて著者撮影

第1章　統合的な交通政策の不在

「移動の連続性」説いた先輩ジャーナリストの言葉

私はこれまで長年、ジャーナリストとして都市・地域交通を中心にした交通問題の取材・調査をしてきたが、常にお手本の一人にしてきた先輩ジャーナリストがいる。岡並木さん（1926〜2002年）という方で、長年、朝日新聞の編集委員として豊富な海外取材などを元に都市交通を中心にした啓蒙的な記事や本を多数書かれた。新聞社を辞めてからも、大学などで都市や交通をテーマに教える一方で、自治体の交通政策の現場にも関わられた。全国の都市型コミュニティバスの出発点になった東京都武蔵野市の「ムーバス」では生みの親の一人として尽力されたことでも知られる。

私がその岡さんと親しくさせていただいたのは、亡くなられる4年ほど前、いわば晩年だった。当時、勤めていた新聞社が発行するまちづくり関連の専門雑誌に記事を書く中で、交通がまちづくりにとってすごく重要であることが分かり始めてきた頃だった。

岡さんが書かれた名著として誉れ高い『都市と交通』（1981年刊）は今読み返しても、示唆的な言葉がたくさんある。「盲点としての連続性」という副題が付いた「はじめに」の一節から、すでに目から鱗が落ちるような内容だ。少し長くなるが、平明な文章の中にも物事の本質を鋭くえぐり出す岡さんの真髄が表れているので、引用したい。


「交通とは何か。その問いに対して、さまざまな観点からの答えがあると思う。そのひとつの答えとして、つぎのように考えてみては、と思う。

『人間にしろ、物にしろ、どこかのドアから出てどこかのドアに入るまでの全行程が私たちにとっての交通である。そして私たちは、その全行程ができるだけ連続的に、できるだけ安い対価で移動できる道を選択しようとしている。その必要から生まれた道具が道路であり、乗り物であり、輸送機器である』。

安全性も、快適性も、あるいは便利な運賃制度や的確な乗り方情報の有無さえも、連続性の質の問題として考えることができる。このような観点にたってふりかえると、私たちの交通環境、ことに公共交通機関をその道具として使おうとするときの交通ルートには、非連続的な壁が、いたるところにあるといわざるを得ない。とくにその壁が目立つのが、ある交通手段と他の交通手段との接点、そして徒歩の環境である」

この本が世に出てから40年以上が経ったが、移動に関する「連続性の壁」という視点は依然、現代の日本でも新鮮である。というよりは、鉄道やバス路線の縮小が進む中、より一層、重要性を増しているのではないだろうか。

近年、「MaaS（マース）」という言葉がメディアで頻繁に紹介されている。Mobility as a Service（サービスとしての移動）の略である。鉄道やバス、タクシーなど様々な移動手段をIT（情報技術）で統合する次世代移動サービスと説明されることが多いが、この言葉に込められているのも、移動の連続性の壁をいかに取り除くか、という視点だろう。

フィンランド発の言葉であるMaaSは今や学会までにぎわせている流行語だが、利用者サイドに立って同一の圏域にある複数の公共交通機関を束ねて一つのサービスと捉えるという考え方は以前からある。例えば、1960年代にドイツのハンブルク市を中心とする都市圏で、各種公共交通機関の共通運賃やダイヤ調整などサービスの一本化を目的に誕生した「運輸連合」という制度は、その具体的な取り組みの先駆けである。

岡さんは別の著書（『本音が求める交通環境』勁草書房、1997年刊）で、こんなことも言っていた。

「私には嫌いな記号的な言葉がいくつかある。『交通安全』、『交通道徳』、『モラル』、『弱者』、『環境にやさしい』、『ひとにやさしい』といったたぐいの抽象化された言葉である。いいかえれば、それを使うだけで何かを主張したかのように錯覚し、自己満足をしかねない便利な言葉の数々である。—中略—

大切なことは、それらの便利な言葉は口にせずに、その言葉の内容を具体的に考え、それを自分の言葉で分かりやすく伝えることだと、私は考えている」

ＭａａＳもそうした記号的な言葉の一つにも感じられる。岡さんが今生きていれば、ＭａａＳという言葉をどう受け止めただろうか。

岡さんは生前、問題解決の方法として「対症療法」の重要性を説いたが、今なお大きな課題であり続ける「移動の連続性」や、「（歩道に逃げ込むという）緊急避難先はあくまで仮の宿であって、その間に自転車がほんとうに落ち着く先をつくるという前提がなければおかしい」とした自転車の歩道走行、地域公共交通の衰退など、様々な交通問題を解決するには残念ながら「対症療法」では難しくなっている。

地域公共交通の衰退

なかでも、地域公共交通の衰退は年々深刻化している。

鉄道や路面電車、バスなど日本の地域公共交通の多くはこれまで民間事業者により運営され、人口増に支えられた高度成長期には「民間経営の成功の奇跡」として世界中の鉄道関係者らから持てはやされたこともあった。低成長期に入っても、地方で一部鉄道路線の廃止などはあったものの、何とか日本の地域公共交通は生き延びてきた。だが、モータリゼーションや人口減少・高齢化の急速な進展などを背景に、利用客の減少が続き、鉄軌道や路線バスともに路線廃止が広がるなど、状況はより一層厳しくなっている。

廃止された鉄道は規制緩和により鉄道事業の参入・撤退が自由化された２０００年度以降、これまでに全国で45路線、１１５７・９km に上る（２０２２年２月３日時点）。その多くは地方の中小私鉄だが、ＪＲ路線もＪＲ西日本の可部線（可部～三段峡）を皮切りに計10路線、５３０・２km と少なくない（可部線は２０１７年３月、可部～あき亀山間１・６km が、電化延伸する形で再開業）。

ＪＲローカル線の廃止は近年さらに目立っている。２０１４年以降に廃止された鉄道路線はすべてＪＲのローカル線である（ＪＲ東日本・岩泉線、ＪＲ北海道・江差線、ＪＲ西

2007	くりはら 田園鉄道	くりはら 田園鉄道線	石越～ 細倉マインパーク前	25.7
	鹿島鉄道	鹿島鉄道線	石岡～鉾田	27.2
	西日本鉄道	宮地岳線	西鉄新宮～津屋崎	9.9
	高千穂鉄道	高千穂線	延岡～槇峰	29.1
2008	島原鉄道	島原鉄道線	島原外港～ 加津佐	35.3
	三木鉄道	三木線	三木～厄神	6.6
	名古屋鉄道	モンキーパーク モノレール線	犬山遊園～動物園	1.2
	高千穂鉄道	高千穂線	槇峰～高千穂	20.9
2009	北陸鉄道	石川線	鶴来～ 加賀一の宮	2.1
2012	十和田 観光電鉄	十和田 観光電鉄線	十和田市～三沢	14.7
	長野電鉄	屋代線	屋代～須坂	24.4
2014	JR東日本	岩泉線	茂市～岩泉	38.4
	JR北海道	江差線	木古内～江差	42.1
2015	阪堺電気軌道	上町線	住吉～住吉公園	0.2
2016	JR北海道	留萌線	留萌～増毛	16.7
2018	JR西日本	三江線	江津～三次	108.1
2019	JR北海道	石勝線	新夕張～夕張	16.1
2020	JR東日本	大船渡線	気仙沼～盛	43.7
	〃	気仙沼線	柳津～気仙沼	55.3
	JR北海道	札沼線	北海道医療大学～ 新十津川	47.6
2021	〃	日高線	鵡川～様似	116.0

近年廃止された鉄軌道路線

【2000年度以降の全国廃止路線一覧（計45路線　1157.9km）】

2022年2月3日現在

年度	事業者	路線名	区間	営業キロ
2000	西日本鉄道	北九州線	黒崎駅前～折尾	5.0
2001	のと鉄道	七尾線	穴水～輪島	20.4
	下北交通	大畑線	下北～大畑	18.0
	名古屋鉄道	揖斐線	黒野～本揖斐	5.6
	〃	谷汲線	黒野～谷汲	11.2
	〃	八百津線	明智～八百津	7.3
	〃	竹鼻線	江吉良～大須	6.7
2002	長野電鉄	河東線	信州中野～木島	12.9
	南海電気鉄道	和歌山港線	和歌山港～水軒	2.6
	京福電気鉄道	永平寺線	東古市～永平寺	6.2
	南部縦貫鉄道	南部縦貫鉄道線	野辺地～七戸	20.9
	有田鉄道	有田鉄道線	藤並～金屋口	5.6
2003	JR西日本	可部線	可部～三段峡	46.2
2004	名古屋鉄道	三河線	碧南～吉良吉田	16.4
	〃	〃	猿投～西中金	8.6
2005	〃	揖斐線	忠節～黒野	12.7
	〃	岐阜市内線	岐阜駅前～忠節	3.7
	〃	美濃町線	徹明町～関	18.8
	〃	田神線	田神～競輪場前	1.4
	日立電鉄	日立電鉄線	常北太田～鮎川	18.1
	のと鉄道	能登線	穴水～蛸島	61.0
2006	北海道ちほく高原鉄道	ふるさと銀河線	池田～北見	140.0
	桃花台新交通	桃花台線	小牧～桃花台東	7.4
	神岡鉄道	神岡線	猪谷～奥飛騨温泉口	19.9

日本・三江《さんこう》線、ＪＲ北海道・日高線の大半など）。

　１９８７年の旧国鉄の民営化によりＪＲが誕生してから35年間でＪＲの経営判断により廃止された路線は計18路線、７８７・１kmである（整備新幹線の開業に伴い第三セクター鉄道が運行を引き継いだ並行在来線などを除く）。旧国鉄の民営化前後に国鉄再建特別措置法に基づき、１９８３年10月から１９９０年４月までの約７年間に廃止された路線数は83路線、３１５７・１kmに上ったが、国土交通省は、それと比べると「抑えられてきた」と位置づけている（「２０２２年７月25日公表の報告書「地域の将来と利用者の視点に立ったローカル鉄道の在り方に関する提言」）。

　だが、今後は廃線の動きがさらに広がる恐れがある。とりわけ深刻化する人口減少・高齢化や自動車利用の増大に直面する地方では、何も有効な対策を講じなければ、独立採算による公共交通はますます衰退の道をたどるだろう。

　ヨーロッパでは日本と同様、もしくはそれ以上にクルマ社会の「負の側面」が大きな課題になっていたことから、ドイツなどでは１９７０年代初めごろから、国の法律に基づき、地域の公共交通の整備や運行に対し財政支援を講じてきた。その結果、路面電車など地域の公共交通が息を吹き返した。路線網を拡充したり、車両を低床化するなどモダンなものに造り替えたりして、利用客の利便性が大きく向上したのである。

こうした「公的関与の強化」の方向に日本もそろそろカジを切らなければ、地域の公共交通だけでなく、都市自体も衰退してしまいかねないのではないだろうか。

私は2002年に初めて出した単著（『交通まちづくりの時代——魅力的な公共交通創造と都市再生戦略』）でそう予測し、自治体が線路などインフラを保有、運行は民間事業者に委ねる「上下分離」手法（公設民営）の導入など公的関与を強化する必要性を指摘した。

地域は頑張っているが、限界がある

それから20年あまりが経過したが、残念ながら公的関与を強める国レベルの動きには大きな進展はない。一方で、個々の地域を見ると奮闘している事例が増えてきた。

地方鉄道再生に向けての上下分離手法の導入では、1998年に始まった群馬県の取り組みが最初だった。運行赤字を補塡する国の欠損補助制度が1997年度に廃止されたのをきっかけに、「鉄道も社会インフラ」という基本的な理念の下、県内の鉄道事業者2社（上毛電気鉄道、上信電鉄）のインフラの整備・修繕費用を沿線市町村とともにすべて肩代わりして負担したり、固定資産税を実質免除したりする制度だった。線路や電路などインフラ部分の所有権を移さずに、インフラの整備・修繕費用を自治体側が負担する仕組みで、整備・維持費用をめぐり財政責任を分離したものと言われる。

その後、廃線の危機にあった各地の地方鉄道の再生に、「群馬型」と呼ばれるこのスキームがひな形となり導入された。富山県高岡市などを走る路面電車の「万葉線」（旧加越能鉄道、2002年開業）や、福井市・勝山市などを走る「えちぜん鉄道」（旧京福電気鉄道、2003年開業）、「三岐鉄道」（旧近畿日本鉄道北勢線、2003年開業）、和歌山市・旧貴志川町（現・紀の川市）を走る「和歌山電鐵貴志川線」（旧南海電気鉄道貴志川線、2006年開業）などである。さらに注目されるのは、万葉線以降から、「群馬型」にはない沿線自治体による運行補助が新たな支援措置として加わるケースが増えたことである。

第3章で詳しく紹介するが、国内での久々の路面電車（トラム）の新規開業で上下分離手法導入の先陣を切ったのが富山市である。同市はJR富山駅北側の道路約1㎞区間での線路敷設や車両購入などインフラ整備を自ら担い、第三セクターの運行会社（「富山ライトレール株式会社」）を設立（2004年）し、廃線寸前だったJR西日本の赤字路線（旧JR富山港線）を2006年に低床型路面電車に再生。その後、市内を走る民間事業者（富山地方鉄道）の路面電車路線について、中心部のうち軌道がつながっていない

1km弱の区間にレールを市自らが敷くことで環状化した。

新規の路面電車路線を設けるのが栃木県宇都宮市である。同市が中心になりインフラ部分を整備し、第三セクターの運行会社（「宇都宮ライトレール株式会社」）を設立するなど富山市と同じく自治体主導で、JR宇都宮駅東口と隣町（芳賀町）にある工業団地を結ぶトラム路線を2023年8月に開業させる。

近年、路面電車は欧米だけでなく中国はじめアジア・中近東・アフリカ地域など世界各地で誕生している。導入都市のほとんどはかつてトラムが走っていたところで、いわば「復活開業」だが、宇都宮市の場合はかつて走っていたという「痕跡」はなく、世界的にも少ないゼロから誕生するトラム路線である。

このように、廃線寸前だった地方ローカル鉄道の再生やトラム路線の誕生に向けて、自治体はインフラを保有、運行は民間事業者に委ねる「上下分離」の動きが日本でも徐々に広がり出しており、その意味では日本の都市・地域交通政策も世界の潮流に少しずつ向かっているとは言える。だが、問題は住民の主要な足となる地域の公共交通を後押しするための国の制度改革が依然「小出し」のままで、対症療法の域から脱していないことである（第2章で詳述）。いくら、地域が頑張っても、地域の公共交通を持続的に支えるには限界がある。このことは先行する欧米の取り組みが雄弁に物語っているのである。

遅きに失した交通関連2法

ここで、近年における国の地域公共交通政策をめぐる動きをみておきたい。

地域の公共交通に対する国の支援制度で「やっとここまで来たか」という思いが強かったのは、2020年に施行された公共交通関連の2つの法律である。

一つは、いわゆる「地域公共交通活性化再生法」(以下、活性化再生法)の改正である。自家用車を使った有償運送やスクールバスなどを含めた地域全体の公共交通維持に向けたマスタープラン(総合計画)としての新しい計画作成を全自治体の努力義務にするというのが眼目である。

もう一つは、独占禁止法の特例法である。複数のバス事業者による路線の共同経営を独禁法の適用除外として認めるというものだ。具体的には運行本数などに応じて各社に運賃収入を再配分する「運賃プール」が可能になる。

この特例法を踏まえて、改正活性化再生法でも複数のバス事業者が利用者目線に立って一定のエリアなら定額制の乗り放題運賃を設定できたり、10分や15分間隔など等間隔運行を可能にするダイヤ調整ができたりする仕組みをつくれる。独禁法特例法に関しては、10年間の時限立法であることや、「ドル箱路線」があることが実質的な前提になるなど問題点は指摘されているが、交通事業者間の運賃や運行ダイヤなどサービス共通化の受け皿組織としてヨーロッパで広がる「運輸連合」に近づく一歩になる。

人口減少が進み、地方では住民の「最後の移動の足」といわれるバス事業がこれ以上縮小するのを食い止めようというのが、この2つの法律が制定された理由である。2019年9月から計5回の審議を経て、法案の元となる基本的な考え方が交通政策審議会地域公共交通部会の「中間とりまとめ」としてまとめられたということだが、ここまで来るのにあまりにも時間がかかり過ぎてはいなかったか。審議会などのメンバーとして国の議論にも多少は関わりながら、これまでの流れをウオッチし続けてきた者としての正直な感想である。

議論の出発点は2004年

いま振り返ると、これまでの議論のスタート地点になったのは、国土交通省が200

4年秋に総合政策局長の諮問機関として有識者らをメンバーに立ち上げた「公共交通の利用円滑化に関する懇談会」だった。既に交通の分野でも始まっていた参入・撤退の自由化など規制緩和に伴う負の面が顕在化し始めたこの時、初めて輸送手段にとらわれない「シームレスな（継ぎ目のない）公共交通の実現」などをテーマに本格的な議論をスタートさせた。当時、交通まちづくりのあり方について取材・調査していた私もこのメンバーの末席を汚した。

その後、議論を重ね、翌年（2005年）春ごろに結論は報告書として取りまとめられたが、その時点では「法制化までは考えていなかった」（当時の国土交通省関係者）ようである。しかし、それから1年後の2006年秋、法制化を念頭に交通政策審議会の部会の一つとして地域公共交通部会が新設されることになり、私も同部会立ち上げ時の委員として再び議論に加わる機会を得た。そして、2007年に活性化再生法が制定される。

あまり信じられないことだが、この時に初めて「公共交通」という言葉が国の法律名の一部に使われた。このこと自体は画期的だったが、中身は市町村に交通事業者らでつくる法定協議会を組織し、地域公共交通の活性化計画を策定するよう促す仕組みをつくるにとどまった。

局長発言通りになったその後のスローな展開

今でも印象深く記憶に残っていることがある。法制化に道筋を付けた部会の中間とりまとめが承認された2006年12月開催の会合で、一通り各委員らの発言が終わった後、当時の総合政策局長（その後、事務次官に就任）の口から「（活性化再生法を）小さく産んで、大きく育てます」という言葉が出たことである。既にこの時でも地方鉄道・バスの路線縮小が進むなど日本の公共交通をめぐる状況は厳しさを増していただけに、この発言を耳にして、当時の国土交通省の取り組みとしてはこの程度が精一杯なのかと、何かやり切れない気持ちにもなったのが今でも思い出される。

皮肉にも、この局長の言葉通り、活性化再生法はこの後、改正を繰り返していく。まずは制定翌年の2008年に地方鉄道の「上下分離」手法導入に道を開く制度などを盛り込んだ1回目の改正法が制定された。

そして2014年には再び法改正をした。この法改正は、前年に国全体の交通政策の方向性などを定めた「交通政策基本法」、同年にコンパクトシティ化を自治体に促す「改正都市再生特別措置法」が制定されたことを受けて、この時はまだ努力義務はなかったものの、「まちづくりと連携した地域公共交通ネットワークの再構築」に向けた計画作成を自治体側に求めることが眼目だった。

当時、この改正法案が出来上がる過程を取材していた私は法案提出前、多少期待を寄せていた。この時、国交省は当初、ドイツの運輸連合の可能性を探っていたからである。だが、国交省が独禁法を所管する公正取引委員会と掛け合っても、公取委からの回答は「(ドイツの運輸連合のような事業者間の調整は)競争制限に当たる」の一点張りだった。そうした経緯から、当時の同省幹部からは「(記事を書く際には)絶対、運輸連合なんていう言葉は使わないでくれ」と強くクギを刺された(ちなみに、ドイツの運輸連合は1965年にハンブルクで最初に誕生してからしばらくは事業者間のカルテル的な組織だったが、その後、自治体主導の組織に切り替えられていった。カルテル的なものに強い拒否反応を示した当時の公取委や国交省がそのあたりの経緯を知っていたのかは分からない)。

私は新聞(2014年7月28日付け日本経済新聞朝刊)に「バス路線、再編促す法改正　運輸連合、高いハードル」という見出しで、以下の内容の署名入り解説記事を書いた。

「民間バス路線など地域公共交通網の再構築を市町村に促す法律が、この秋に施行される。熊本市は既にバス路線の大幅な再編に動き出した。改正法は自治体の主導で事業者間の運賃や運行ダイヤを共通化する『運輸連合』誕生につながる可能性もあるが、乗り越えるべきハードルは高い。—中略—00年、公正取引委員会は（筆者注：市内中心部を走る7社のバス）事業者とともに（同：共通運賃やダイヤ調整などを実施する）連合を検討していた広島市の取り組みを『独禁法上問題あり』と指摘。今回も国土交通省は『ドイツと同じ事業者間の組織は独禁法の適用除外にはならない。自治体中心の取り組みでも配慮が必要』（同省幹部）とする。

自治体主導で公共交通網を再構築できるか。独占禁止法との関係のほか事業者間の利害調整など自治体に相当の覚悟が問われることだけは確かだ」

多少踏み込んだ書き方をしたが、悲観的な見通しは残念ながら現実のものになってしまった。

着手から8年経った熊本のバス路線共同化の取り組み

バス会社が5社も乱立していた熊本市はかなり前から2020年の改正法を先取りする取り組みをしてきた。競合路線による競争激化で複数のバス会社の経営が悪化する中、2012年には公共交通網の将来像を示した「公共交通グランドデザイン」を策定、その中で中心市街地と15の地域拠点を結ぶ8つの軸を「基幹軸」とするなど、バス事業者5社の路線を利用者目線で再編する作業を開始していた。当時の幸山政史市長は私も一緒に参加した東京都内でのシンポジウムの席上、「将来は運輸連合のようなものを目指したい。現在はその第一歩」と話していた（2014年6月開催の後藤・安田記念東京都市研究所主催パネルディスカッション「『足』を守る——地域公共交通の将来」）。

だが、最終的に路線の共同経営に向けて本格的な準備を始めることで5社が合意したのは、特例法案の提出が決まった2020年1月になってからである。同市のグランドデザイン策定からだけでも8年間という長い年月が経過してしまったわけである。ちなみに、古くから日本版運輸連合の実現を目指していた広島市でも、広島電鉄や広島バス、広島交通など同都市圏の交通事業者7社が2022年11月から共同経営に基づき、市中心部で路面電車と路線バスの運賃を220円均一にする新たな料金体系を導入した。

独禁法の適用除外は路線バス事業者のほか、地方銀行の再編も対象にしている。ともに「国民生活及び経済活動の基盤的サービス」と位置付けたうえで、共同経営など再編を促すとしているが、実際には当時、金融庁が地方銀行の再編を促すために独禁法の適用除外を検討していたところ、首相官邸サイドから適用除外の対象案件はほかにもないのかとの話が国交省に投げかけられ、省内で検討していた路線バス事業者の共同経営が加わった経緯がある。

どの法律を改正しても、問題はないとみる関係者は少なくないかもしれない。しかし、こうした大事な文言は特例法ではなく、既にある交通政策基本法など交通に関する根幹となる法律にしっかりと明記すべきではないだろうか。

対症療法か、根本療法か。日本では交通政策に関してはこれまで、旧国鉄の分割民営化は別として基本的に対症療法で対応してきたが、とりわけ地方都市の公共交通が一段と先細りする中、根本療法を真剣に考える時期はとっくに来ている。「小さく産み、大きく育てる」という時間的な猶予はもはや残されていないはずである。

鉄道のあり方を再定義せよ

国が対症療法を続けている中、鉄道路線の廃線も知らないうちに広がっている。追い打ちをかけたのが、コロナウイルス禍による移動の縮小・公共交通離れの加速である。

これまで路線廃止が相次いだ地方の中小民鉄や第三セクター鉄道、JR北海道、四国、九州のいわゆる「3島会社」だけでなく、東日本、西日本などJRの本州2社も自ら運営するローカル鉄道について、このままでは運行継続は困難との考えを強め、自治体に「上下分離」手法の導入やバス転換など打開策に向けた協議を求めている。ＪＲ東日本、ＪＲ西日本の本州２社はこれまで、新幹線や首都圏など大都市圏鉄道、商業施設の営業黒字分をもってローカル線の赤字分を補ってきたが、コロナ禍で利用客数がコロナ前に比べ２割以上落ち込んだため、そうした「内部補助」ができる状況ではなくなってきたというのが理由である（ＪＲ東海はドル箱の東海道新幹線を抱え、「内部補助」にまだ余裕があるのか、ローカル線の廃止を検討するような表立った動きは見せていない）。

日本の鉄道は事業者の大半が民間であるためか、社会通念として道路とは異なり、なかなか社会インフラとみなされない。この結果、利用客数が大幅に落ち込み、慢性的な赤字に陥ると、廃線になる確率が高まる。

いま必要なのは、鉄道のあり方を再定義するなど、政策体系のパラダイムシフト（枠組みの転換）ではないだろうか。その際に参考になるのは欧米の取り組みである。

まずは、独立採算原則からの脱却である。欧米では鉄道を含めた公共交通の供給は社会インフラとして国や自治体が事業に主体的に関与しているため、運営費にも税金が投入されている。

税金を原資にするという考えが主流になっているのは、公共交通の運営は単なる交通政策の一環ではなく、環境保全や福祉にプラスの効果を及ぼすなど社会全体が受益者になるとされているからだ。こうしたことから、例えば路面電車の運営費に対する財政支援では、補助割合は国によって異なるが、少ないところで3割程度、多いところでは7割程度と運営費の大半に税金が投入されている（出所はCarmen Hass-Klau, Bus or Light Rail: Making the Right Choice)。

欧米のような鉄軌道への運行補助は日本でも自治体レベルでは実施の動きが広がっているが、先述の通り1997年度を最後に「赤字垂れ流し」を理由に国の欠損補助制度は廃止されている。運行補助は早晩、日本でも避けられないものになるだろう。

受け皿としての「上下分離」

その受け皿として、まずは自治体が線路などインフラを保有し、事業者にインフラの整備・維持負担をさせずに運行だけに専念させる「上下分離」手法の導入が必要になるだろう。

鉄道においてインフラを保有する事業主体と、運行主体を分ける上下分離手法の導入は欧米で早くから実施されてきた。類型的に多いのは、都市自治体が事業主体になり、その当該都市が全額出資して設立した第三セクターの公共交通運行会社が運行主体になるパターンである（1991年にEUがサービス向上を目指す規制緩和策として運行事業への他の民間企業の参入を促す「オープンアクセス」と上下分離をセットにした取り組みを始めたが、自治体側からは事業の安定性を低下させるとの反発がある）。

上下分離手法の導入はどの鉄軌道路線でも有効とは言えないが、輸送密度（路線1㎞当たりの1日平均利用客数）が2000人程度あれば、十分に継続的な運行ができる。福井県のえちぜん鉄道は輸送密度が2000人にも届かないが、インフラへの財政支援という広い意味の上下分離手法を導入したことで、安定した運行を続けられている。

地方民鉄を含めたローカル鉄道の大半が経営難に直面しているのは、人口減やマイカーの普及を背景にした利用客数の長期低落傾向に加え、線路や車両などインフラ部分を維持更新する負担が重いためである。こうしたインフラに関する費用は営業費用の半分近くを占める。

国土交通省が2008年に国レベルで地方鉄道の上下分離制度を導入する前に地方民鉄と第三セクター鉄道計92社（当時）の決算（2006年度）をもとに試算したところ、

車両購入費を含めたインフラ経費すべてを自治体側が負担する上下分離制度を導入した場合、赤字事業者の84％が黒字に転換し、地方民鉄では赤字30社のうち29社、三セク鉄道では赤字34社のうち25社が黒字になった。

ドイツなどではローカル鉄道の上下分離によって運行本数の増加や車両の改善などサービスの利便性や快適性が向上し、利用客が戻り始めているケースも少なくない。日本のローカル鉄道はこれまで需要が少なければサービスを落とす「需要追随型」になりがちだったが、上下分離手法の導入は、サービスを向上させながら潜在需要を掘り起こす「需要開拓型」へと脱皮するきっかけにもなるのである。

ただ、地方の民鉄や第三セクター鉄道以外では上下分離手法の導入があまり進まなかった日本のローカル鉄道でも、変化が出始めている。最近では２０１１年の豪雨災害から11年ぶりに全線復旧（２０２２年10月）したＪＲ東日本管内の只見線（会津若松～小出）でも福島県が線路や駅舎などインフラ部分を保有、ＪＲ東日本が運行に専念する上下分離の手法が導入された。輸送密度が極端に少ない場合は別として、ＪＲの他のローカル鉄道でも、国の財政支援や自治体への事業移管という形で上下分離手法が導入されれば、息を吹き返す路線は少なくないと思う。

フランスは鉄道で2時間半以内の航空路線を禁止に

さらに欧米の取り組みから学びたいのは、一貫性のある総合的（統合的）交通政策である。都市交通分野で言えば、クルマの利用を抑制するという目的に向かって、「ムチ」（中心部における駐車場制限などクルマの利用抑制策、＝push）と「アメ」（公共交通の整備充実など、＝pull）それぞれの各種政策を組み合わせたもので、各政策は相互補完の関係にある。策定を自治体に義務付けているフランスの「都市圏交通計画」（ＰＤＵ、Plan de Déplacements Urbains）などがそれに当たる。

これに対し、日本では都市交通政策は依然、継ぎ合わせ的で一貫性がない。公共交通の利用促進を掲げる一方で、中心部における道路や駐車場の整備にも力を入れる自治体が少なくない。

驚かされるのは、フランスの最近の取り組みである。二酸化炭素（CO_2）の排出を減らす気候変動対策の一環であるが、２０２１年8月に鉄道で2時間半以内に移動できる区間は航空機の運航を禁止する法律（気候変動対策・レジリエンス強化法）が制定されたのである。

この法律をめぐっては、国会での法案審議の段階から反対派の旅行業界、推進派の環境保護団体の双方から批判が出ていた。環境保護団体は4時間以内で列車移動ができる航空便の廃止を提案していた。法律施行後の当初対象路線は国内線108路線のうち、5路線だけといわれるが、飛行機と鉄道という国内における長距離移動手段の棲み分けに一つの解答を出したものとして注目される。ドイツやイタリア、スペインでも同じような規制を検討しているという。

もう一つの選択肢を維持することの重要性

日本では予算の制約から、道路整備か鉄道整備かという二者択一の議論をすることが少なくない。ある地域で道路整備が進んだ結果、そのあおりを受ける形でその地域を走る鉄道の利用が大幅に減り、慢性的な赤字になったら廃線やむなしという結論が出されやすい。

慢性的な赤字を理由にJR北海道が沿線自治体に廃止を求め、6年間に及んだ地元との議論を経て廃線によるバス転換が決まった留萌線（深川～留萌間）。廃線に至った背景として、JR北海道は利用客数が極端に少ないことに加え、並行する高規格道路が

2019年度に全通したことを挙げるが、北海道内の地域交通体系や国全体の交通体系からみれば、あまりにもクルマ社会を所与のものとした議論ではないだろうか。

日本の場合、交通に限らず様々なケースに言えることだが、一つの方向にだけ突き進みがちである。例えばオール電化住宅である。電気の供給は自然災害など何らかの原因で途絶えてしまうことから、東日本大震災の発生後、電気にすべてを頼ることの危険性が指摘された。交通の分野でも同じことが言える。移動手段にクルマだけを頼ってしまったら、慢性的な道路渋滞や自然災害による道路の寸断などでクルマでの移動が難しくなったら、どうしたらよいのだろうか。その代替となるもう一つの選択肢として鉄道は必要ではないだろうか。たとえ利用ニーズが少なくても、行政の任務として常にもう一つの選択肢は確保されなければならないだろう。ドイツでは住民の日々の移動を支える公共交通の供給が福祉サービスと同じく、行政が任務を負う「生存配慮」として、法律(公共近距離旅客交通に関する地域化法。以下、地域化法)に明記されているのである。

欧米ではコロナ禍以降もクルマ社会の弊害に立ち向かうための公共交通、なかでも鉄軌道の充実強化に向けた行政側の取り組みが続いている。というより、新型コロナのパンデミック(世界的大流行)の中、国によってはその動きはかえって強まっているともいえる。

欧州主要国の中では鉄軌道への投資が遅れていたイタリアでも、中央政府が2018年に「持続可能な移動に向けた国家戦略プラン」（PSNMS、Piano Strategico Nazionale della Mobilità Sostenibile）を策定。EUの「コロナ復興基金」なども加えた充実した財源を元手に、ボローニャやレッジョ・エミリア、ブレーシャ、ピサ、トレント、ボルツァーノなど北イタリアを中心とする10近くの都市がトラムの復活（新規導入）・路線網拡大など地域公共交通の強化に取り組み始めている（第3章で詳しく紹介）。

公共交通など社会インフラの老朽化対策が遅れていた米国でも2021年末、総額1兆ドル規模のインフラ投資法が成立した。これまでのインフラへの財政支援は自動車交通を支える道路・橋梁に重点が置かれていたのに対し、今回はEV（電気自動車）の充電設備網整備（75億ドル）もあるが、地域公共交通の新規投資（390億ドル）やアムトラック（全米鉄道旅客公社）の高速鉄道整備（660億ドル）など公共交通への支援に力を入れている。

翻って日本はどうか。既に述べている通り、国が前面に立った鉄軌道再生の動きは今なお鈍い。JRローカル線問題について、国交省は2022年2月に有識者らからなる検討会を設け、同年7月に具体的な対策を盛り込んだ提言をまとめたが、対策は依然、「小出し」である（第2章で詳述）。提言で特急列車など優等列車や、貨物列車が走っている路線など、基幹的な鉄道ネットワークを形成している線区については国が引き続きJR各社による維持を強く求めているのは国の主体的な関与として前進だが、全般的にはJR各社と沿線自治体の協議会設置を軸とする「入口段階」の記述が多く、国の積極的な関与が期待される税財源に関する制度改革など「出口段階」への言及はほとんどなかった。

2022年は日本初の鉄道が新橋～横浜間で開通（1872年10月）してから150年を迎えた。長崎～武雄温泉間という部分開業ながら九州新幹線西九州ルートが2022年9月に開業したほか、都市鉄道では2023年3月に東急東横線と相模鉄道が直結する新たな路線が開業したが、国全体で公共交通を整備強化しようという流れまでには至らない。

基本計画が指摘する「交通崩壊」の可能性

国土交通省は2021年、第2次交通政策基本計画を公表した。同計画は交通政策基本法に基づき、5年ごとに交通政策上の取り組みを更新するもので、第2次計画の対象期間は2021年度から2025年度までの5年間である。社会の構造や人々の価値観を大きく変えるほどの影響力を持つウィズ・コロナ、ポスト・コロナという特別な時代状況下での計画策定なのに、基本的には平時と変わらないような文言が羅列されている。

計画は大きく、交通政策が抱える課題説明、具体的な目標施策の提示からなるが、今回はコロナによるパンデミックという非常事態下にあることを考慮し、「交通が直面する『危機』と、それを乗り越える決意」という独立した章を設けた。

ただ、この章は「危機」とカギカッコ付けで示していることが象徴しているように、必ずしも深掘りされた内容にはなっておらず、目標施策など他の章とのつながりも弱い。

ここでは地域公共交通に絞ってみてみたい。「危機」に言及した章の最初に設けた「地域におけるモビリティ危機」と題した節では以下のように書かれている。

「地域公共交通は、人口減少等の影響により、輸送需要の縮小、運転者不足等の厳しい経営環境に置かれている。……加えて、新型コロナウイルス感染症の影響により、旅客の輸送需要が更に減少している。交通事業が独立採算制を前提として存続することはこれまでにも増して困難となっており、このままでは、あらゆる地域において、路線の廃止・撤退が雪崩を打つ『交通崩壊』が起きかねない」

独立採算制の難しさや交通崩壊に言及するあたりは、これまでの役所文章にはないものである。事務局である役所（国土交通省）側が率先して書いたというよりも、審議した専門家らからなる委員会（交通政策基本計画小委員会）側に促されてのものだろう。

それに続く文章も従来の役所のそれにはないものである。

「元来、『公共』という言葉は、『社会的視点に立ち、無料もしくは十分に廉価な価格で、十分な量と質が提供されるべき財やサービス』を意味することが少なくない。その一方で、我が国では、主として民間事業者により供給される『旅客運送契約の下で運賃を支払えば誰もが利用可能な運送サービス』をもって『公共交通』と呼んでいる。地域公共交通を取り巻く状況が厳しさを増し、『公助』を求める社会的要請が強まる中においても、『公共』の持つこの二つの意味の違いを意識した上での対応が必要である」

「公共」に関する説明は、まさにフランスが公共交通の利用促進策を推進するために1982年に施行した「国内交通基本法」（LOTI）の中で自治体による保障義務として盛り込んだ「移動権」（「国民のだれもが容易に、低コストで、快適に、同時に社会的コストを増加させないで移動する」権利）など、ヨーロッパの公共交通を連想するし、そのヨーロッパをモデルに民主党政権時代に検討された交通基本法案をも想起させる。ただ、この一節の後にはやや平板な内容の文章が続く。

「具体的には、交通事業者をはじめ地域のあらゆる関係者の連携・協働の下で、地方公共団体が中心となって、まちづくりと一体的に持続可能な地域公共交通の姿をデザインし、スピード感を持って取組を進め、目に見える成果を上げることを目指すべきである」

これを読む限りでは、現行の活性化再生法が目指す取り組み以上のものではなく、尻切れトンボになっている印象は否めない。いずれにしても、こうした現状認識を踏まえ、新たに策定した計画は今後の交通政策の基本的な方針・政策や目標施策を掲げるが、これらも基本的に従来の取り組みの延長で見栄えがしない。

地域公共交通の持続可能性の確保のため新たに取り組む政策として、独立採算制のあり方についても触れているが、「交通事業が独立採算制を前提とすることは、これまでにも増して困難となってくるとの認識に立ち、地域公共交通の維持確保に必要な財源のあり方について、国・地方の厳しい財政状況も踏まえつつ、検討を行う」と現状認識の文言を繰り返しながら玉虫色のまとめ方で終わっている。

計画に目標施策として盛り込む数値目標（KPI、重要業績評価指標）に関しても、設定した指標項目自体が枝葉的な印象が強い。具体的には「地域公共交通計画の策定件数」（2020年度の618件を2024年度に1200件と倍増させる）であり、「鉄道事業再構築実施計画（鉄道の上下分離等）の認定件数」（2020年度の10件を2025年度に13件と3件増やす）、「LRT（次世代型路面電車システム）車両の導入割合（低床式路面電車の導入割合）」（同34％を42％に8ポイント増やす）などである。最後のLRTに関してはLRTの導入都市なら理解できるが、LRT車両の導入とは何とも矮小的である。

計画は国民の意見を求めるパブリックコメントの手続きを経て、計画案として改めて提示したうえで閣議決定された。これまで長く日本の公共交通を支えてきた民間事業者の独立採算制にどうメスを入れるのかという視点が抜け落ちたままで、次の5年間の交通政策の基本的なフレームが決まってしまったのである。

もう一つの危機・歩道環境のカオス化

公共交通の危機とともに、日本の都市・地域交通はもう一つの危機にも直面している。歩道環境のカオス（混沌）化である。

コロナ禍で自転車利用や、自転車のシェアリング・サービスが広がる一方で、「ラストワンマイル」の近距離移動手段として電動キックボードなど小型電動モビリティが台頭しているが、とりわけ電動キックボードが歩道を中心とする都市内交通の混乱要因になりつつある。

警察庁が従来「原動機付自転車」（＝原付バイク）扱いだった電動キックボードの法規制を「自転車並みの扱い」として緩和したのである。関係する道路交通法改正案が２０２２年通常国会に提出され、十分な審議もされずに成立してしまった。16歳以上なら運転免許不要でヘルメット着用も努力義務のほか、通行場所も自転車専用通行帯（＝自転車レーン）・自転車道だけでなく、最高時速６㎞の速度制御を条件に、原則禁止の歩道（正確には自転車の通行を可とする自転車歩行者道）の通行も許可しているのである（第5章で詳述）。歩道には電動車椅子なども最高時速６㎞の「歩道通行車」として走行が認められているため、それと同じ扱いにしたというのが例外許可の理由だが、いずれにせよ歩道は「カオス」の状況になりかねない。

自転車の歩道通行は世界でも珍しい。道路交通法で１９７８年以来、原則禁じられているのに、緊急避難的に認められているのは、貧弱な自転車の走行環境が依然、改善されていないことが背景にある。歩道と自転車が分離した「自転車通行空間」は4686km（2021年度）あるが、このうち、8割を超す3836kmが矢羽根形状の路面標示だけの「車道混在型」なのである。

近年では自転車が歩行者に危害を加える事故が増える傾向にある。このままでは自転車は地域交通の継子になってしまう。自転車にクルマと同じく、専用通行空間を与えるなど一定の権利を付与することで利用者に義務感を生じさせ、今以上に地域交通の一員としての意識を持たせるしかないのではないだろうか。具体的にはフランスなど欧州で始まっているように、車道を片側一方通行にするなどして削り、自転車レーンなど自転車の専用空間をつくることだが、果たして実現の可能性はどうだろうか。

電動キックボードの規制緩和は、当初の予定よりも大幅に前倒しされる形で2023年7月1日に施行される。自転車に加え、電動キックボードまでが歩行者の安全を侵す危険要素にならないためにも、ここでも公共の積極的な関与が欠かせない。総合的な都市交通政策の視点からの対策（例えば、道路利用の再配分や、中心部での低速化など）を早期に講じていくことが求められる。

歩いて楽しい空間としての歩道など道路環境の実現も日本にとって依然大きなテーマ

である。日本の道路は欧州のように、歩行者専用ゾーンの設定や、路面電車と歩行者が共存する「トランジットモール」の実現などが、なかなか出来ない。その背景には、街なかでのトラムの導入の際にも大きな壁になるが、「自動車交通の円滑化」や、「歩行者の安全」などを口実に警察が道路交通政策への過剰な関与を続ける問題がある。

以上のような問題意識から、第2章以下では各論として鉄道の役割の再定義、日本における路面電車（トラム）復活の可能性、ＥＶ化や自動運転化など１００年に一度の自動車産業の大変革（ＣＡＳＥ革命）時代のクルマと交通社会、そして歩道など道路空間のあり方を詳しく論じてみたい。

各章に通底するのは、世界の中で良くも悪しくも独自に歩み続けてきた日本の都市・地域交通が様々な面で限界を迎えているという時代認識と、それをどう克服すればよいのかという問いである。

第2章　鉄道の役割を再定義する

柳田國男の鉄道旅

日本の民俗学の父といわれる柳田國男（1875～1962年）は生前、講演・視察旅行などでしばしば全国各地に出かけたが、とりわけ車窓からの風景を眺めての鉄道の旅を好んでいたようだ。

そんな柳田の横顔がうかがえるのが、先ごろ復刊された『柳田國男先生随行記』（今野圓輔著、河出書房新社、2022年刊）である。太平洋戦争開戦1カ月前の1941年11月に柳田は九州での講演のため東京から17日間に及ぶ鉄道の旅に出かけた。その旅に弟子として同行した当時大学生だった著者の今野が詳細に記録したメモをもとにまとめた本である。2022年は柳田の没後60年、著者の没後40年に当たることから、1983年に刊行された『柳田國男随行記』（秋山書店刊）を40年ぶりに改題・復刊したという。

一読してまず驚かされるのは、同書が今のようにICレコーダーなど録音機もない時代、柳田の発する一言一句も聞き逃すまいと著者が必死に書き留めたメモのおかげで、柳田の言葉が実に詳しく記されていることである。また、講演旅行から帰って９日後（12月８日）には真珠湾攻撃により日本が米国との戦争に突入したというのが信じがたいほど、当時の日本の社会状況が意外に落ち着いていたことがうかがえるのも興味深い。

道中には船旅もあるが、私鉄を含め様々な鉄道路線が登場するのも楽しい。読者は現在の路線図を脇に置きながら、柳田と弟子の間で交わされる会話を通じて戦前の日本の鉄道旅を追体験できる。

当時既に66歳だった柳田は、本を読む以外は車窓から風景を眺めながら、沿線の歴史や地理について、「あたかも『汽車の窓』を黒板にしておこなう特別講義」（田中大介「柳田國男の交通論」）のように学生だった著者に対し延々としゃべり続けたようである。

なるほど、そうなのかと現在の読者でも身を乗り出したくなるような話が出てくるのは、名古屋から関西急行（現在の近畿日本鉄道）に乗ってからの会話。

「（名古屋駅を出て、長島駅を過ぎてからの話）城のあった町は、もっと北になるかな、大きな戦さがあったじゃないか。この辺は湿地帯でね、灌漑よりは排水に苦心しているんだ。大きな水利組合があってね。今の大きな川は木曾川ではないかな。木曾川は長良川と揖斐川と三つ集まるので、洪水のときなど、一つの水が引いても別なほうから出たりして、上流のほうはいつもやられていたのを、三つに分けてから大変よくなったんだね」

「(伊勢中川駅から大阪行き急行に乗り換え、伊賀神戸駅を過ぎ名張駅に着いてからの話) この山の向こう側が伊賀の上野で、向こうとこっちとが、おのおの独立しているんだ。ナバリは万葉などにカクレルという字を書いてナベルとよんでいて、カクレルことなんだよ。……名張の町は駅から、かなり離れているなかなかいい町だよ」

鉄道をめぐる興味深い話も少なくない。例えば、熊本の球磨川沿いを走る肥薩線(現在のJR肥薩線)を人吉駅から八代方面の列車に乗っていた時、「この辺(一勝地)から八代まで、……川を見せるために、それにそって作ったという点で日本でも有名な汽車だ」と蘊蓄を傾けている。

なぜ柳田は、ここまで車窓からの風景にこだわったのか。また、彼にとって風景とは何だったのか。同書は柳田の言葉として、次のように語らせている。

「人々の暮らしが少しずつ推移することもあるが、風景というものは君、同じ風景は、二度とはけっして見られないものなんだよ。来年の今月の今日、まったく同じ時刻に通ったとしても、天候も風の具合も光の加減も違っているだろう。だから、まったく同じ景色というものは、けっして二度と見られるものではない」

柳田らが80年ほど前に乗車した肥薩線は２０２０年の九州豪雨で被災して以降、八代〜吉松間（約87㎞）は運休したままになっている。熊本県など沿線自治体は復旧の道を探っているが、柳田が現在の同線の姿を見たら、どう感じるだろうか。豪雨など激甚災害が相次ぐ昨今、彼の言う一期一会とも言える鉄道の車窓風景は一層貴重なものになっていると言えるかもしれない。

地域の車窓風景も立派な観光資源なのに……

ローカル鉄道の車窓風景は当然、感傷的なものにとどまらず、立派な観光資源になりうるものである。だが現状は、観光立国を唱えながら、その観光資源が縮小の危機にさらされている。

これまでは地方の中小民鉄で廃止の動きが相次いだが、近年の特徴はＪＲ北海道などいわゆるＪＲ３島会社に続き、大都市圏を主な営業基盤とする本州のＪＲ各社の赤字ローカル線でも廃止か存続かをめぐる議論が出ていることである。

まず動き出したのがＪＲ西日本である。同社は２０２２年４月、岡山、広島両県を走る芸備線などコロナ前（2019年度）の輸送密度（路線1㎞当たりの1日平均利用客数）が関係者の間で「運行困難」の目安とされる2000人未満の全ローカル線の区間別の収支（2017～19年度の平均額）を初めて公表した。17路線30区間すべてが営業赤字（営業赤字総額は約248億円）だったとし、上下分離やバス転換を含めた今後のあり方について沿線自治体と協議する必要性を強調した。

JR東日本も2022年7月、同じく輸送密度2000人未満のローカル線の区間別収支（2019年度と20年度）を発表した。コロナ前の2019年度に該当する35路線66区間は、青森から千葉までの13県にまたがっており、JR東管内の在来線全体（計66路線）の半数強に当たり、総営業距離では全体の35％に当たる。その全路線が営業赤字（営業赤字総額は約693億円）だったことを明らかにした。

ローカル線の収支に関しては、既にJR北海道が2016年、JR四国は19年、JR九州は20年にそれぞれ線区ごとに公表している。こうしたJR各社の動きと踵を接するように、国土交通省は2022年2月、先に述べたように鉄道局長の諮問機関としてローカル鉄道のあり方について議論する検討会を立ち上げた（詳しくは後述）。

経営自立は難しいJR2島会社

旧国鉄の分割民営化が決められた時から経営的に厳しいと言われてきたJR3島会社だが、その中でも深刻なのはJR北海道とJR四国である。

2021年3月26日、経営が厳しいJR北海道とJR四国への財政支援を続けるための法律が成立した。両JR旅客会社とJR貨物のいわゆる「JR2島・貨物会社」を対象に、2011年度から財政支援をしてきた根拠法である「国鉄清算事業団債務処理法」が2020年度末で10年間の期限切れになることから、2030年度までの新たな10年間の継続支援のための改正法を参院で可決したのである。

支援額の大半を占める2島会社に関しては当面、JR北海道に2021年度から3年間に1302億円、JR四国には5年間で1025億円を助成するというもので、具体的な内容としては青函トンネル・本四連絡橋（鉄道関連部分）の更新費用のJR負担を切り離し、国（鉄道・運輸機構）が肩代わり負担するほか、増資にも応じて設備投資の資金も提供するなど従来よりも手厚い支援を行う。

ただ、問題は国が今後10年間の支援を通じて経営自立を促すというスタンスを変えていないことである。その可能性は相当低いと言わざるを得ない。コロナ禍の影響で自立経営どころか業績悪化に拍車がかかる恐れがある。2島会社は元々、本州3社（東日本、東海、西日本）と比べ圧倒的に少ない利用ニーズなど大きなハンディを負っている。そのために国から経営安定化基金をもらい運用益で赤字の穴を埋めようとしたが、大幅な金利低下でその目論見も外れた。大都市圏の豊饒なマーケットを持つ本州3社との分割により民営化が決められた当時から民間事業者として自立的な経営を求めること自体に無理があったし、コロナ禍はそれを露呈させたと言える。JR九州の初代社長を務めた石井幸孝氏は著書『国鉄』（中公新書、2022年刊）の中で、分割民営化という国鉄改革の主眼は本州3社の収益構造の黒字化にあり、当初から九州を含めた3島会社やJR貨物は改革の例外事項で、蚊帳の外に置かれたような扱いだったと述べている。

こうした中、JR北海道は2016年に営業路線の約半分に当たる10路線13線区を「単独では維持困難」と公表した。このうち、輸送密度が200人未満（片道100人未満）と特に利用客が少ない5路線5線区（札沼線・北海道医療大学～新十津川間、根室線・富良野～新得間、留萌線・深川～留萌全区間、石勝線・新夕張～夕張間、日高線・鵡川《むかわ》～様似《さまに》間）についてバス転換を沿線自治体に求め、これまでに6年間にわたり沿線市町村で存廃の議論が続けられてきた留萌線を含め、5路線すべてが廃線・バス転換を受け入れた。このうち、札沼線、石勝線、日高線の3線区では既にバスに転換されている。

その中で2021年4月にバスに転換したのが北海道の太平洋沿岸を走るJR日高線（146・5㎞）の鵡川～様似間116㎞である。同路線全体のおよそ8割に当たる（苫小牧～鵡川間30・5㎞は営業中）。JR北海道と沿線7町が2020年10月に廃止・バス転換で合意した。

地方を中心に鉄道の廃線は後を絶たないが、近年において100㎞を超す大規模な廃線は珍しい。規制緩和（鉄道事業法改正）により鉄軌道の廃止が許可制から届出制に切り替わった2000年以降、全国で45路線、約1160㎞の鉄軌道が廃止されたが、廃止路線が100㎞を超したのは、同じくJR北海道から旧池北《ちほく》線（池田～北見間）を引き継いだ第三セクター鉄道の北海道ちほく高原鉄道（通称「ふるさと銀河線」、140㎞、2006年廃止）、JR西日本・三江線（江津～三次108・1㎞、2018年廃止）以来である。JR旅客6社では最長の廃止距離となる。

路線図を見ると、鵡川は起点の苫小牧から4駅目、様似は南東側の起終点であり、この区間がすっぽりと鉄道路線図から消えたため、日高線の残る路線はどこかの支線といった感じになってしまった。

2015年1月の高波被害で不通になって以降、復旧されることなく廃線の道を選んだという。廃線区間はかねてJR北海道が「単独では維持困難」として廃止を提案していた5線区の一つだった。JR北海道は2021年から18年分のバス運行費（20億5500万円）と地域振興費（5億円）の計25億5500万円の支援金を出した。同社の島田修社長は「苦渋の決断を重く受け止め深く感謝申し上げる」と述べたという（2020年10月24日付け朝日新聞朝刊社会面＝東京本社版）。

観光路線としても人気の並行在来線まで廃止

JR北海道の廃線の動きは止まらない。北海道新幹線（新青森～新函館北斗間）を2030年度に札幌まで延伸するのに伴い、新幹線ルートと並行して走る在来線のJR函館本線（函館～小樽間、287・8㎞）は「並行在来線」として同社から経営分離される。このうち、山岳鉄道の雰囲気があり、観光路線としても人気がある通称「山線」と呼ばれる長万部《おしゃまんべ》～小樽間140・2㎞の区間では小樽市など沿線の全9市町が2022年3月に廃線・バス転換を受け入れた。廃止距離は日高線を25㎞近く上回る。

1904年に全面開通した「山線」は山岳鉄道としての文化・歴史的な価値が高いと

かつては札幌と函館を結ぶ大動脈だった「山線」も廃止が決まった（余市駅に停車中の各駅停車の車両）

もいわれる。観光振興の面でも鉄道資産がなくなるのを惜しむ声は地元住民や観光客らに根強くある。長万部〜小樽間の輸送密度は2018年度実績で623人と1000人を下回るが、このうち余市〜小樽間のそれは2144人にのぼり、せめて同区間の路線存続を求める声は少なくなかった。

残る函館〜長万部間147・6㎞については一部区間に道産のタマネギやジャガイモなどを本州に送るJR貨物の貨物列車が走っていることもあり、第三セクター方式による鉄路維持を含めて、JR北海道と沿線7市町との間で2025年度までに判断する予定で協議が続いている。

函館～長万部間は本州と北海道を結ぶ鉄道物流の大動脈。ＪＲ貨物は第三セクター鉄道などを想定した鉄道の維持が望ましいとの考えを示している。ただ、大量高速物流を実現するため、国は貨物専用車両を新幹線の線路で走らせる「貨物用新幹線」の導入構想も示している。その場合、貨物列車が並行在来線を走らなくなるわけで、問題を複雑にしている。

いずれにしても、並行在来線が廃止されるのは珍しい。１９９７年の長野新幹線開業に伴うＪＲ信越線横川～軽井沢間（11・２㎞）の廃線に先例があるだけである（老川慶喜『日本鉄道史　昭和戦後・平成篇』によると、同路線に関しては地元の群馬県松井田町が、利用者アンケートを実施したり、「登山電車」など観光資源としての活用策を検討したりするなど鉄路存続の道を探り、最後まで観光客らから存続を求める声は多かった）。ただ、函館本線のように１００㎞を超す長大な鉄路がまるごと廃止されることはこれまでになかったのである。

ＪＲ北海道は北海道新幹線が新函館北斗まで部分開業した２０１６年に「単独では維持困難」とする10路線13区間を公表した。先述の通り、廃線の方針を打ち出した５区間はすべてバス転換になる。函館本線長万部～小樽間の廃止を加えると、北海道内の在来線はJR発足時に比べ総延長が3分の2に縮小する。

国はこれまで並行在来線のあり方について、「地域が議論する問題」という消極的なスタンスを採り続けてきた。だが、存続に必要な膨大な経費を考えたら、自治体が尻込みしても無理はないだろう。

函館~長万部間では第三セクター方式による鉄道維持の場合、分離後30年間の累積赤字が816億円になるとの収支予測を北海道庁は公表しているが、自治体の負担能力からみて重すぎる額である。

そもそも、並行在来線という制度自体もおかしなものである。国交省の定義によると、並行在来線とは、整備新幹線(1973年に「全国新幹線鉄道整備法」に基づき策定された「整備計画」により整備が行われている北海道新幹線(青森~札幌間)、東北新幹線(盛岡~青森間)、北陸新幹線(東京~大阪間)、九州新幹線・鹿児島ルート(福岡~鹿児島間)、九州新幹線・西九州ルート(福岡~長崎間)の計5路線)の区間を並行する形で運行する在来線鉄道を指す。ただ、問題は以下の文言である。

「整備新幹線に加えて並行在来線を経営することは営業主体であるJRにとって過重な負担となる場合があるため、沿線全ての道府県及び市町村から同意を得た上で、整備新幹線の開業時に経営分離されることとなっています」

つまりは、沿線自治体から同意を得たら、新幹線が出来たらJRは在来線の運行はしなくても構わないと言っているのだ。整備新幹線の建設自体が国策だから、国としてもJRを束縛するわけにはいかないという事情もあるだろうが、国による「逃げ」とも言えるだろう。

こういういきさつにより、これまでに整備新幹線の建設に伴い生まれた並行在来線のほとんどの経営はJRの手を離れてきた。大半は地元住民を巻き込んだ地域の熱意により、沿線自治体が中心になり設立した第三セクター鉄道に委ねられたのであるが、山線はその一般的なケースから外れてしまったのである。

相次ぐ自然災害で深まる廃線の危機

近年、日高線と同じく自然災害による廃線・バス転換に追い込まれるケースが増えている。北九州市と大分県日田市を結ぶJR九州の日田彦山《ひたひこさん》線もその一つである。2017年の九州北部豪雨により、全路線約69kmのうち4割強に当たる南部地域の添田《そえだ》～夜明《よあけ》間約29kmが不通になり、2020年7月にバスへの転換が決まった。

民営化後、ＪＲ九州として初めての廃止路線となる。バス転換はＢＲＴ（バス高速輸送システム）の形を採るが、福岡県など地元自治体の強い反発を受けて、ＪＲが当初一部区間として提案していた専用道路を2倍近い14㎞強に広げることで決着し、遅くとも２０２３年までに切り替えるということでＪＲ九州と自治体側は合意した（その後、ＪＲ九州はＢＲＴについて、夜明の2駅隣の久大線・日田から添田までの約40㎞区間で２０２３年夏に開業、駅の数も36カ所と鉄道駅よりも24カ所増やすと発表した）。

観光を含めた国土政策を視野に入れたネットワークの視点を

輸送密度が２０００人以下、とりわけ１０００人以下の路線では経営的に厳しいのは否めないが、路線単体だけで議論してしまえば、ローカル鉄道はいずれ大幅な廃止・縮小を余儀なくされるだろう。ローカル線の場合でも「廃線や線路の分断をすれば、かえって経営的に非効率になる」（伊東尋志・元えちぜん鉄道専務取締役）といわれる。持続可能な経営を考えたら、もちろん沿線の人口や人口密度、輸送密度は重要な指標ではあるが、ネットワークとしてつながることで経済効率は高まると指摘する専門家は少なくない。

さらに、真剣に考えなければならないのは、国土政策上、その後に訪れる事態である。

ローカル鉄道ならではの沿線風景という身近な観光資源を日本自らがなくしてしまうということだ。

自然災害で廃線になった路線には風光明媚なところが少なくない。近年で残念だったのは、2008年12月に廃線になった宮崎県の第三セクター鉄道、高千穂鉄道である。水面からの高さが東洋一だった鉄橋など観光資源に恵まれ、高い人気を誇っていたが、台風による暴風雨で甚大な被害を受け、当時の県や沿線市町村の支援が得られず廃線に追い込まれた。

高千穂鉄道ほどの人気がなくても、地方の鉄道の少なからぬところが外国人観光客も訪れるなど今や立派な観光資源になっている。日高線は襟裳岬に向かう鉄道路線であり、車窓から見える太平洋沿岸の美しい風景も評判だった。観光立国を掲げる日本だが、このままでは自ら「飯のタネ」である観光資源を失うことになりはしないだろうか。

もちろん、地方への移動では車の車窓からの風景も味わい深い。柳田國男は地方の安易な観光地化には懐疑的だったが、現代の車窓風景が車での移動に伴うものだけになってしまったら、日本の観光は実にわびしいものになってしまわないか。

鉄道路線の存廃論議に必要なのは、路線単体という線ではなく、鉄道網という日本の観光資源全体を視野に入れた面の視点である。それはもはや交通政策の次元ではなく、日本全体のまちづくり・観光を考慮した国土政策とも言ってよいだろう。その視点が欠ければ、地域の鉄道風景は風前の灯になってしまう。

ツーリズムの歴史変えたオリエント急行

以前、たまたまテレビで興味深い番組（NHK-BS）に出くわした。国際長距離寝台列車「オリエント・エクスプレス」の誕生からその後の発展までの歴史を描いたドイツのテレビ局ZDF制作のドキュメンタリー番組（「オリエント急行――夢の豪華列車を走らせた男」、原題 Orient Express- A Train Writes History ２０２０年）である。

個人的な話で恐縮だが、数年前、アメリカでアムトラック（全米鉄道旅客公社）の夜行列車「コースト・スターライト」（Coast Starlight）でサンフランシスコからポートランド（オレゴン州）まで行く機会があった。20時間近い長旅になったが、個室寝台でゆったりと車窓を楽しみ、食堂車では朝・昼の2回、テーブルに同席したアメリカ人の老婦人らとおしゃべりしながら料理を楽しんだのは、今でも忘れられない思い出になっている。

そんな乗ること自体にかけがえのない楽しみを見出せる夜行列車の「花形」がオリエン

ト・エクスプレスだろう。私は残念ながら、オリエント・エクスプレスに乗車したことがないだけに、先のテレビ番組が伝える内容は新鮮だった。

オリエント・エクスプレスは1883年、日本で言えば明治16年、ベルギー東部の古都リエージュの若き実業家ジョルジュ・ナゲルマケールス（1845～1905年）のアイデアにより誕生した。運行会社の社名として彼が名付けた「ワゴンリ」は「ワゴン」（車両）と「リ」（寝台）の合成語で、後に寝台列車を意味するフランス語の普通名詞になった。

フランスの著名なノンフィクション作家ジャン・デ・カールが書いた『オリエント・エクスプレス物語――大陸横断寝台列車』（中央公論社、1982年刊、原題 Sleeping Story）によると、今日のように発展するまでには鉄道会社との交渉難など様々な曲折があった。運行開始翌年の1884年、南仏で発生したコレラが直ちに国境を越えて広がり、数多くの列車が運休に追い込まれ、少なからぬ経営的な損害を被ったといわれる。コロナ禍と重ねてみて興味深い話である。

そうした中でワゴンリが今日的な意義を持つのは、各国鉄道会社との協定による国境を越えた運行路線ネットワーク構築をはじめ、食堂車などきめ細かな車内サービス、主要路線のターミナル駅でのホテル経営、広報宣伝など現代に通じる取り組みの先駆けになったことである。同書のあとがきで訳者の玉村豊男氏が書いているように、ワゴンリによる旅行は近代的なツーリズムの概念を切り開いたのだ。

欧州で定期夜行列車が相次ぎ復活

ここにきて、ヨーロッパでは新たな時代に対応した夜行列車の復活が相次いでいる。大量の二酸化炭素（CO_2）を排出する飛行機での移動を抑えようとする脱炭素化の動きが大きな背景になっている。

中でも話題を呼んでいるのがフランスである。２０２1年5月20日、ＳＮＣＦ（フランス国鉄）はパリと南東部のニースを結ぶ定期夜行列車の運行を再開した。２０１７年12月に採算が取れないとして廃止されていたが、フランス政府の財政支援により3年半ぶりに復活した。走行距離１０００㎞強。所要時間は約12時間と同区間を走る高速鉄道ＴＧＶに比べ倍かかるが、運賃はかなり安い。リクライニング席が19ユーロ、２等寝台が29ユーロ、１等寝台が39ユーロ。１等寝台でもＴＧＶ（片道１００ユーロ以上）の半分以下である。

この運行再開のニュース、国内外のメディアの関心は高く、日本のメディアでもNHKが同日に報道し、新聞では日本経済新聞が電子版（2021年5月29日配信）で、「欧州で夜行列車の復活相次ぐ　CO_2排出抑制、政府後押し」という見出しの詳細な記事を掲載。遅れて、産経新聞も同年7月6日付け朝刊で詳報した。再開初日の夜行列車に乗り込んだカステックス仏首相が「夜行列車への投資は、未来への投資だ」と語ったと、両紙は紹介している。

フランスにはかつて夜行列車が10路線以上あったが、過去10年で徐々に減り、パリと南仏のセルベール、ブリアンソンを結ぶ2路線があるだけになった。潮目が変わったのは地球温暖化に歯止めをかける脱炭素化政策を推進するフランス政府の支援強化である。マクロン大統領が2020年に「53億ユーロ規模の鉄道事業支援計画を発表。このうち1億ユーロを夜行列車復活のための車両整備などに充て、2030年までに少なくとも10路線で再開させたいとしている」（産経新聞）。

オーストリア連邦鉄道の取り組みも目を見張る。2016年にドイツ鉄道から夜行列車「シティナイトライン」の運行を「ナイトジェット」の名称で引き継いできたが、パリ〜ニース間の夜行列車再開から5日後、ウィーン〜ベルギー・ブリュッセル間の夜行列車を週3回の頻度で再開した。実は2003年に廃止された同路線は一度、2020年に復活したが、コロナ禍で同年11月に中断していた。

高級夜行列車と言えば、イタリア国内の景勝地を1~3泊で巡る計10ルートの運行サービス「ドルチェヴィータ鉄道」（Il treno della Dolce Vita）もイタリア鉄道（トレニタリア社）とホスピタリティ開発のアルセナーレ社の共同事業として2023年に始まる。名前はイタリア映画の巨匠、フェデリコ・フェリーニの有名な映画作品「La Dolce Vita（甘い生活）」にあやかり、「イタリアにおけるオリエント・エクスプレス」を掲げる。客席は豪華客室12室、スイート18室、特別スイート1室からなり、このほかに高級料理を提供する食堂車が備えられる。

鉄道業界の国際専門誌「レールウェイ・ガゼット」（Railway Gazette International）も2021年7月号に「夜行列車の復活続く」（Night train renaissance continues）とのタイトルを付けた記事を載せた。

少し前のヨーロッパでは夜行列車は高速鉄道や格安航空会社（LCC）に押されて、「風前の灯」「絶滅寸前」といわれていただけに、その変貌ぶりには驚かされる。その原動力になったのは何なのか。

一つは新たな時代の風である。スウェーデンの環境活動家グレタ・トゥンベリ氏が提唱した「飛び恥（フライト・シェイム）」という考え方（大量のCO_2を排出する飛行機移動を地球環境破壊への加担と捉える）がヨーロッパで一種の運動として広がりをみせている。鉄道と飛行機がそれぞれ出すCO_2の排出量は試算によって差があるといわれるが、鉄道移動に伴う排出量は飛行機の数十分の一という試算もある。

さらに弾みをつけているのが、近年の気候変動問題の深刻化を背景に、地球温暖化に歯止めをかけようとするEUやフランス政府など行政側の財政支援であろう。先述したように、フランス国会は鉄道で2時間半以内に行ける場所への航空路線を禁止する法律を制定した。こうした流れが根付くと、かつてのオリエント・エクスプレスを生み出したナゲルマケールスのように民間側でも豪華列車を含めビジネスの動きが広がっていくだろう。

日本ではどうか。夜行列車は人々の郷愁を誘うことはあっても、周遊型の豪華臨時寝台列車は別として定期運行となると風前の灯だ。官民ともに脱炭素化というスローガンは勇ましいものの、それを夜行列車の復活につなげる仕組みを構築しようという機運は今のところ見られない。

「まずは自助」は正しいのか

地方の鉄道に対する国の基本的なスタンスは、交通政策審議会鉄道部会が今から10年以上前の2008年1月に出した提言から変わっていない。「地域の暮らしや観光、まちづくりに組み込まれた持続可能な鉄道輸送の実現に向けて」と題したもので、観光を含めた地域のまちづくりの一つに鉄道を位置づけた。これは、地方の鉄道にもインフラ保有と運行を切り離す「上下分離」方式を認める制度を導入した、2008年秋の改正活性化再生法施行の「露払い」の役割を担った。

そこでは、上下分離や自治体のインフラ保有など鉄道事業の「再構築」を促しているものの、国の支援対象は「頑張る地域と鉄道事業者」に限るとしている。おそらく、青天井の支援費用を警戒する財務省サイドへの配慮もあると思うが、まさにかつて菅義偉首相が所信表明演説で述べた「まずは自助、そのうえでの共助、公助」という政策理念につながる。

このためか、広義の「上下分離」方式（沿線自治体による鉄道用地などインフラ保有を含む。以下も同じ）を導入した地域鉄道事業者（路面電車を除く）は今なお、国の制度改正前のえちぜん鉄道や和歌山電鐵（2社とも自治体が鉄道用地を取得・保有）などを含めても12社程度にとどまる。ＪＲを除く地方の鉄道は２０２２年4月時点で、第三セクター鉄道を含め95社あることを考えると、上下分離は今でも「笛吹けど踊らず」といった状況と言ってもよいだろう。

地方の鉄道をめぐる経営環境は深刻度合いに差はあるものの、どこも一様に厳しい。コロナ前の数字だが、ＪＲローカル線とは別に、いわゆる地方中小民鉄である地域鉄道事業者（２０１８年度の計96社）の72％が経常赤字に陥っている。それにもかかわらず、広義の上下分離方式の導入があまり広がらないのはなぜなのか。

鉄道の上下分離方式を国の制度（「鉄道事業再構築事業」）として法制化（２００８年施行の改正活性化再生法）した際に、「経営的に継続が困難または困難となるおそれがある」という適用要件を定めたためともいわれるが、地域による支援という「共助」、とりわけ広域自治体である都道府県の積極関与のあるなしの違いにもよるというのが、これまで各地で取材してきた私の見立てである。福井県や富山県、和歌山県、鳥取県（若桜鉄道）など地元鉄道で上下分離方式を実行に移した都道府県のほとんどは、当時の知事による強力なリーダーシップが実現を後押しした。

旧京福電気鉄道を引き継いだえちぜん鉄道や、福井鉄道を広義の上下分離により再生した福井県の場合、地域やまちづくりにおける公共交通の重要性を理解していた当時の西川一誠知事の決断により、鉄道用地取得や設備投資に両鉄道合わせて沿線市町村とは別に150億円以上も支出した。取材した当時の同県担当者は「複数の市町村にまたがるものには広域自治体として県が関与する。実際のところ多額の支出を伴う設備更新は市町村だけでは難しい」と話していた。

逆に上下分離方式を検討したものの、結果として見送った県には最初から消極的なムードが強かった。名古屋鉄道が2005年3月末で廃止した岐阜市や関市など複数市町村にまたがる美濃町線など郊外路面電車3路線も一時期、沿線市町村の間で上下分離の方向で話がまとまりかけていたといわれる。だが、岐阜県が鉄道用地・施設取得に一切財政支援しないという考えを変えなかったこともあり、最終的に沿線の中心都市である岐阜市が及び腰になり、バス転換の道を選んでしまった。

上下分離を実行に移せるか否かは自治体、とりわけ都道府県の積極関与次第というのであれば、そうではない都道府県の鉄道はさらに厳しい状況に追い込まれる恐れがある。それが自治体間の競争を促す地方分権なのだと言ってしまえばその通りかもしれないが、果たして日本の地域鉄道への支援はこのままでよいのだろうか。ジリ貧になり、廃止がさらに広がってからでは遅い。欧米の先進諸国のように社会政策として公共交通サービスを保証する道をいきなり進むのは難しいとしても、「自助ありき」や地域による「共助」を強調するあまり、国による「公助」を検討する道を閉ざしてはいけない。

国が「無策」を反省した？報告書

「国や地方自治体は……見て見ぬふりをして、鉄道事業者任せにしてきたのではないか」

「結果的に、国や地方自治体は、この間の各線区の利用状況や経営状況の変化について『自分ごと』として強い危機感を抱くことなく、有効な手立てを打ってこなかったのではないか」

国土交通省が2022年7月25日に公表したローカル鉄道のあり方に関する報告書の最初の2ページにわたって掲げられた「はじめに」の文章の一節である。「見て見ぬふり」とか「自分ごと」といった挑発的な表現は新聞・雑誌などメディアではよく使われるが、少なくとも近年の役所文書にはなかった。

報告書のタイトルは、「地域の将来と利用者の視点に立ったローカル鉄道の在り方に関する提言」。まとめた主体は、鉄道局長の諮問機関として2022年2月に設置された大学教授ら有識者6人からなる検討組織である。名称も「鉄道事業者と地域の協働による地域モビリティの刷新に関する検討会」と長い。

歯に衣着せぬ発言をするメンバーが入るこの検討会が作成主体とはいえ、国交省鉄道局が事務局になっている。このこと自体、国交省が報告書に盛り込まれた提言にそれなりに大きな責任を負っていることを意味する。検討会のメンバーが提言に盛り込まれる最終的な表現にこだわった結果なのだろうが、行政として言いにくいことを検討会という形で言ってもらったとみることもできる。そういう意味では、国交省鉄道局がこれまでの自らの「無策」を反省したと言うこともできるだろう。

今回の提言は、人口減や高齢化にコロナ禍が追い打ちをかける形で利用客数が大幅に減り、慢性的な赤字が続く地方鉄道、なかでもJRローカル線のあり方についてまとめたものだ。提言とはいえ、JRローカル線のあり方について基本的な方向性を打ち出したのは旧国鉄の分割民営化以降では初めてで、遅まきながら鉄道への国の主体的な関与もうかがえる。

具体的には、輸送密度が1000人未満で、しかもピーク時の1時間当たりの輸送人員がどの駅間でも500人未満であり、複数の自治体や経済圏・生活圏にまたがるという要件を備えた路線に関しては国が主導して、国、沿線自治体、鉄道事業者の3者がローカル線の存廃について協議する「特定線区再構築協議会」(仮称)を立ち上げるというものである。沿線自治体もしくは事業者の要請を受けてという条件付きだが、従来の国の後ろ向きの姿勢からみれば前進である。

公共交通のあり方について自治体や事業者らが話し合う場としては、活性化再生法に基づく法定協議会の仕組みが既に制度的に用意されている。今回の提言でもこの活性化再生法に基づく法定協議会(または任意協議会)で議論できる地域は都道府県が中心になり設置し、対象線区の将来に向けた地域モビリティのあり方について関係者間で検討を進めるよう求めている。ただ、既存の法定協議会では路線バスのあり方を議論するところがほとんどで、「広域でのJRローカル線など地方鉄道再生について議論するケースはなかった」(鉄道局)ので、今回、特定線区再構築協議会という新たな受け皿組織を設けることにしたという。

いわば「足切り」である輸送密度について、提言はJR各社の意向に配慮してか、

「1000人未満」という数字を絶対視しないよう、以下のように2000人未満の線区も協議の対象になりうると、くぎを刺している。

「JR各社は、少なくとも2000人（国鉄再建法に基づく旧国鉄のバス転換の基準4000人未満の2分の1の水準）を下回ると、鉄道事業者の経営努力のみにより利便性と持続可能性の高い鉄道サービスを保っていくことが困難になる、との考えを示してきており、これが協議会の立ち上げの一つの目安となると考えられる。当該目安を満たさない線区についても、線区の状況に応じて協議の場を設定することが望ましい」

提言は協議会について「廃止ありき」または「存続ありき」といった前提を置かずに利用者の目線や地域戦略の視点に立って自治体、事業者の双方が議論をすることを明記している。協議会に関しては、利用客が少ない赤字ローカル線の沿線自治体から「廃止ありきの議論のためではないか」との疑念の声が少なくないため、この点を強調した。

特定線区再構築協議会（既存の法定または任意の協議会を含む）は協議開始後、最長でも3年以内に沿線自治体と鉄道事業者間の合意の上、結論となる対策を決めるよう求めている。問題は協議会でどのように議論を進めていくかである。それについて、提言は「鉄道は、大量輸送、速達性及び定時性に優れた交通機関である」ことから、まずは対象線区をそうした鉄道の「特性が発揮されているかという観点から評価するのが原則」だとしている。

「公共政策的意義」が協議のモノサシ

その評価の際のモノサシ、視座は何なのか。後述するように、鉄道が地域で果たしている役割を意味する「公共政策的意義」という言葉を使い、それに答えている。

その前に提言はまず総論として「あくまでも利用者や地域戦略の視点に立って、あるべき公共交通はどのようなものか、という視点から評価すべき」で、かつての国鉄再建法のように「一定の輸送密度（筆者注：4000人）を上回っているか下回っているかで画一的に判断したような方法とは一線を画すべきである」と強調。「交通事業の収支だけを見るのではなく、それが地域の他の様々な分野の費用や効果に及ぼす影響も含めた評価手法（クロスセクター評価など）の活用も検討すべきである」と指摘している。

ここで言うクロスセクター評価とはクロスセクター・ベネフィットともいい、鉄道や路線バスなど交通の分野があることで、他の分野（＝クロスセクター）が得をする（＝ベネフィット）という考え方である。例えば鉄道路線の場合、営業収支が慢性的な赤字で、当該自治体が毎年度赤字補塡のための財政支出をしても、路線が廃止になることに伴い発生する地域の医療・福祉や商業、教育、観光など様々な分野での代替費用（例えば、病院への送迎貸し切りバスの運行、買い物のためのタクシー券配布、土地の価値低下による固定資産税収の減収など）と、路線維持のための費用を比較評価する方法を指す。

そうした評価をした結果、やはり利用客の少なさなどから鉄道の持つ特性が発揮されないことが分かっても、公共政策的な意義が認められる場合には利便性の向上と地域戦略の視点に立って、鉄道の徹底的な活用を推進するよう求めている。

その公共政策的な意義とは具体的には何を指すのか。例示として、「バスへの転換が、①車両や運転士の安定的な確保の点で極めて困難、②定時性・速達性が著しく低下、③渋滞等を悪化させる等の道路交通への悪影響が見込まれる等の理由で困難、あるいは、鉄道の果たす役割が、当該地域のまちづくりや観光戦略上、必要不可欠な要素の一つに位置付けられていること、など」としている。そのうえで、鉄道の維持のため、沿線自治体には線路や車両、駅舎などのインフラ部分を所有する「上下分離」手法の導入など、より積極的な関与を求めている。

一方、やはり利用客が極めて少ない場合は鉄道を廃止し、バスなどへの転換を促している。その場合の利用客数の例示として、「すべての列車のすべての区間において、イベント時等を除いた平常時の乗客数が50人（大型バス1台で輸送可能の規模）を下回っており、物理的にはバス等による輸送代替が容易である場合など」を挙げている。このケースでは、やや理解に苦しむが、バスの持つ「公共政策的な意義」という言葉が使われる。「鉄道と比べて投資・運営経費が低く、かつ、利用者のニーズに応じたルートの変更やバス停の新設・移転、及び増便などを柔軟に行うことができ、日常生活や観光の足として、利便性と持続可能性の向上が見込まれること、など」を例に挙げる。

ＢＲＴ専用道の公道化や「特定ＢＲＴ」に新味

バスへの転換でも、一定の輸送需要が見込まれる一方で、バス化による定時性・速達性の低下が懸念される場合には、鉄道敷の一部を専用道に転用するＢＲＴの導入を推奨している。その場合には沿線自治体にも受益者の観点から、「専用道の公道化」を含め積極的な関与を求めている。

ＪＲ路線でのＢＲＴ専用道の公道化は新しい政策提案である（地方民鉄の鹿島鉄道は専用道の公道化を実施済み）。鉄道から転換したＢＲＴは東日本大震災の被災後に導入した

気仙沼線は東日本大震災での被災後、BRTに転換された

ＪＲ東日本の気仙沼線・大船渡線に事例があるが、専用道はＪＲ東日本自らが整備したものであり、沿線自治体は関わってはいない。さらに、提言では鉄道と同等の運賃・便数など利便性の高いＢＲＴを「特定ＢＲＴ」と新たに定義していることも目を引く。赤字線区の中でも輸送需要が比較的ある線区については鉄道からＢＲＴへの転換を促していると言えるだろう。

特定線区再構築協議会の設置のほか、国の主体的な関与の必要性が言及されたのは基幹的な鉄道ネットワークの維持である。特急列車など優等列車や、貨物列車が走っている路線など、基幹的な鉄道ネットワークを形成している線区については国が引き続きJR各社による維持を強く求めているのは注目される。

ただ、提言は全般的には協議会設置を軸とする「入口段階」の記述が多く、国の積極的な関与が期待される税財源に関する制度改革など「出口段階」への言及は少ない。上下分離手法の導入について、「地方の中小民鉄や第三セクター鉄道の経営救済策と認識されることが多く、JR線区も含めて、鉄道の利便性と持続可能性を向上させることを目的として行う上下分離等に際して活用されにくい状況」と指摘。さらに、ローカル鉄道に対する財政支援制度がレールや枕木、車両などの更新に充てる安全投資と、バリアフリーや外国人対応などの利用促進に限られ、「上下分離した場合を含め、日常的なメンテナンス経費等に対する支援制度はない」と問題点を指摘するにとどまっている。

地域主権隠れ蓑に責任放棄？

一読する限りではよく練られた内容と思うが、しばらく時間を置くと、ちょっと待てよといった気持ちになることがある。挑発的な表現で始まるものの、この検討会の提言もそんな印象が拭えない。

端的に言えば、小さなコップの中の議論をしているようにみえる。「虫の目、鳥の目、魚の目」という言葉があるが、確かに提言は「虫の目」のように対象であるローカル線について、これまでの経緯や現状、課題を細かく捉えているが、高所から全体を見渡す「鳥の目」と、潮の流れを見る「魚の目」となると、いずれも足りないように思う。要は視点の定め方の問題である。提言は日本国内の議論に終始し、鉄道を含め公共交通の維持を社会政策の一環と捉える世界の大勢を軽視した「ガラパゴス的思考」に陥ってはいないだろうか。

なぜ、こうしたスタンスを採り続けるのか。ＪＲ誕生時に旧国鉄時代の膨大な長期債務の一部を国民負担という形で肩代わりした過去の経緯から財務省への遠慮もあるといわれるが、過度な地域主権の考え方も理由の一つにあるのではないか。

活性化再生法は、地域が主体になり自らの地域の交通体系のあり方を議論することを基本原則とする。国交省はこの「活性化再生法の精神を否定するつもりはなく、（ローカル線問題でも）地域のことは地域でやってもらう、それができない場合には国が関わっていく」（鉄道事業課の田口芳郎課長）というのが基本的な立場である。

だが、地域に頑張れと尻を叩いても、やれることは限られる。欧米ではコロナ禍の中でも鉄軌道網の充実強化に向けた動きが弱まらないのは、社会政策の一環としてその運営を支える税財源制度が50年ほど前から国によって構築されていることが大きい。日本の公共交通行政はやや極論すれば、地域主権を隠れ蓑に責任放棄しているとも勘繰りたくなる。

提言後に国交省鉄道局もローカル線に対する財政支援強化に動いたのは事実である。まず2023年度政府予算において、交渉相手の財務省は「（いまだ15兆円＝2021年度末時点＝にものぼる巨額の旧国鉄債務を国民の負担とすることで誕生した）JRへの税金投入など国民の理解が得られるわけがない」と、JRのローカル線への財政支援に消極的な姿勢をとり続けたが、最終的にこれまで道路や河川など主に旧建設省系の事業に使われてきた公共事業予算（「社会資本整備総合交付金」）の対象に、同じ旧運輸省分の港湾関係予算の一部を転用したとはいえ、存続を前提にした線路や車両などローカル線のインフラ強化策を加えてもらうことに成功したという（2023年1月24日付け読売新聞朝刊）。

もちろん、こうした努力は評価したい。ただ、厳しい言い方にはなるが、欧米では当たり前の運行費支援につなげる税財源制度など、その先にある、より抜本的な国の財政支援策が見えなければ、いくら地域が主体的にモビリティのあり方を決めろと言っても、動きにくいだろう。「出口論はこれから、今回はまず第一歩」という段階はとうに過ぎているのだ。

フランスの交通税

もちろん、公共交通を含め、地域のまちづくりに地域が主体になり取り組むことには私も賛成である。しかし、地域が主体になり、まちづくりを進めるには、権限とともに財源も欠かせない。ドイツでもフランスでも米国でも、自治体がローカル鉄道やトラム（路面電車）の路線網の維持・強化に取り組めているのは、運行補助を含めた充実した税財源制度があるからである。

地域公共交通のための税財源制度としてよく知られているのは、フランスの「交通税」（Versement Transport「交通負担金」とも訳される）である。公共交通の整備・運営のための地方財源で、複数市町村（コミューン）で構成される広域都市圏政府（広域行政体）が従業員10人以上の事業所（自治体など公共部門を含む）の雇用主を対象に、従業員の給与総額に一定税率をかけた額（給与総額の1～2％）を課税・徴収する一種の目的税である。

交通税について、少し詳しく見てみよう（詳細は拙著『交通まちづくりの時代』、第2章「公共空間の再配分と総合交通政策」などを参照)。

交通税は今から50年以上前の1971年にまずパリ首都圏（イル・ド・フランス地方）を対象に導入され、その2年後の1973年に導入主体を地方都市圏にも拡大する形で制度化された。フランスでは公共交通など都市交通全体を管轄する権限は、複数の自治体で構成される広域都市圏政府にあるが、課税権限を持つのはこのうち人口2万人以上の都市圏である。課税を義務付けていない法定任意税の扱いではあるが、実際、人口10万人以上の都市圏はすべて交通税を導入している。

制限税率（上限税率）はパリ首都圏と地方都市圏では異なる。地方都市圏の場合、制限税率は人口規模に比例する形で決まる。例えば、人口2万人以上10万人未満の都市圏では制限税率が0・55％、10万人以上の都市圏では1・00％、人口10万人以上の都市圏で、トラム路線建設など大規模な交通インフラ投資プロジェクトを持つところでは同1・75％と決められている。

実際の税率設定は各都市圏の自主性に委ねられているが、大半の自治体がトラム路線などを建設する際にはこの上限税率で課税している。例えば、1994年以降、トラムの路線を市内各地や隣接するドイツの町にも網の目のように広げた人口45万人超のフラ

フランスでトラムが普及した背景には、交通税の存在がある（ストラスブールのトラム）

ンス東部のストラスブール都市圏では１・75％の税率を設定している。

交通税の徴収は社会保障費の雇用者負担分を徴収する各都市圏の機関が代行する。例えば、「税率を１％とした場合の交通税総額の１％に当たる金額を手数料として取ったあと、それぞれの都市交通管轄機関に支払われる」（道路経済研究所「総合的な交通計画に関する研究」参照）。なお、従業員住宅を職場に置いている、または雇用者が従業員の送迎交通を無料で運行している場合は支払った交通税の払い戻しを受けることができる（同）。

交通税の使途で見逃せないのは、地域公共交通の整備費用のほか、運賃収入の不足を補塡するなど運営費用の一部にも充てられていることである。地方都市圏の場合、交通税収入総額は2013年時点で35億9200万ユーロ、公共交通の整備・運営費総額の47・3％を占める。運賃収入（13億1600万ユーロ）の比率は17・3％で、2割にも満たない（出所は「GART都市交通年鑑」2013年版）。この点が非常に重要なところである。

地域の公共交通の場合、たとえ整備・維持費の面倒を行政にみてもらっても、人口減・高齢化が進み、利用客離れが加速する中で、最低でも20～30分に1本運行するなど比較的利便性の高いサービス水準を保つのは至難の業である。まず、運行費を運賃収入で賄うのは難しい。仮に出来たとしても、それは人件費など管理経費を合理化するだけでは間に合わず、運行本数を減らすなどサービス水準を大幅に落とすしかないだろう。そうなったら、利用客が離れ、さらにサービス水準を落とすという負のスパイラル（悪循環）を招き、最終的に廃線など最悪の事態をもたらしかねない。

フランスの地方都市圏における公共交通の場合、交通税のほか、国の補助金（2013年、2億8000万ユーロ）や地方の一般財源（同、24億7500万ユーロ）も運行費用を賄っており、運賃収入の割合は先ほど見た通りに2割足らずである。1985年のナントを皮切りにグルノーブル、ストラスブール、モンペリエ、リヨンなどフランスの多くの地方都市で相次いでトラムが新規に導入された財政的な背景には交通税を中心とする税財源があることを見落としてはいけない。

ドイツも独自財源、財源も地方に移譲

一方、ドイツでも同じく50年以上前から地域公共交通の独自財源がある。１９７１年に「都市交通改善助成法」（ＧＶＦＧ、Gemeindeverkehrsfinanzierungsgesetz）を制定、国税である鉱油税（ガソリン税）を引き上げ、そのかなりの部分をＳバーン（近郊電車）やＵバーン（地下鉄）、トラムなど近距離公共交通の整備財源として州政府に割り当ててきた。

１９９６年には旧ドイツ国鉄の民営化と並ぶ鉄道改革の一つとして、「地域化法」が施行され、地域の近距離公共交通に関する整備計画・運営・財政責任が連邦政府から州政府に移管され、州政府は独自の判断で鉱油税をローカル鉄道など近距離公共交通の整備・運営財源に使うことを決める権限が与えられている。２００６年の連邦政府の補助金制度改革の一環として都市交通改善助成法を根拠とする補助金は廃止されたが、新たに制定された別の法律により、連邦政府から州政府への安定的な資金供給は続いている。

地域化法に基づく助成金は以前の都市交通改善助成法と同じく鉱油税（ガソリン税）を財源に、主に近距離公共交通の運営において発生した欠損の補塡に使われる。助成金は潤沢で、2002年実績では67億ユーロだったが、「全16州合計で82億ユーロが支給された2016年以降、2031年まで毎年1・8%ずつ増額していく旨が同法に定められている」（日本都市センター『次世代モビリティ社会を見据えた都市・交通政策』所載の土方まりこ氏執筆部分、「ドイツの都市交通を支える連邦財源」から引用）。

こうした独自の税財源があるからこそ、ゾーンごとに割安な運賃を設定したり、無料のパーク&ライド駐車場を広範囲に整備したりするなど公共交通の一層の利便性向上策が実現されるのだ。

米国も交通インフラの整備・運営財源に注力

欧州ほど注目されていないが、米国でも地域の公共交通整備・運営財源がしっかりと用意されている。「マイカー天国」「公共交通に冷たい国」というイメージもあるが、1960年代から、連邦政府が公共交通の整備充実に力を注いできたことは見逃せない（以下、西村弘『クルマ社会アメリカの模索』から引用）。

米国における公共交通向け財源は、１９６４年に成立した「都市大量公共輸送法」によって公共交通整備に対する3分の2の資本補助が出来るようになったのが最初で、その後、１９７３年に同補助率が80％に引き上げられ、石油危機をきっかけに１９７４年には運営費補助（補助率50％）の道も開かれた。

１９８２年には都市大量公共輸送法と「連邦補助道路法」を統合して成立した「陸上交通援助法」により、連邦ガソリン税の引き上げ分5セントのうち1セントを公共交通への補助金に充てるとともに、恒常的に道路財源の一部を公共交通の整備に転用することが可能になった。

自動車道路偏重からバランスのとれた交通政策に軸足を移した画期的な法律といわれたのが、１９９１年に6年間の時限立法として生まれた「総合陸上交通効率化法」（ＩＳＴＥＡ、Intermodal Surface Transportation Efficiency Act）である。道路財源の公共交通への本格的な転用や、州などに総合的な交通計画の策定・実施に関する裁量権を移譲する地域主体の交通政策の確立などを内容とした。

それ以降も同様の時限立法が続き、第1章で触れたように、２０２２年からは新たな法律である「インフラ投資法」に受け継がれている。同法は5年間で総額1兆ドル規模の補助金を保障している。近年、高速鉄道網の構築など公共交通整備に力を入れる中国をライバルとしてかなり意識した法律である。先述の通り、交通インフラの中でもアムトラックの高速鉄道整備や地域公共交通の新規投資など公共交通への財政支援が目立っている。

知事会長、「ネットワーク維持は国策上必要」

欧米の動きを見て分かるように、独自の税財源制度がないのに地域に頑張れと促しても、やれることは限られる。提言内容を了承した検討会最終会合の席で一部委員（板谷和也・流通経済大学教授）から「フランスの交通税は全国一律に導入されているわけではなく、制度を国がつくっておいて、導入するかは地方で決めている。そうした制度を検討してもよいのではないか」と、フランスの交通税のような独自税財源制度の必要性を指摘する意見も上がった。

滋賀県は県内の地域公共交通を支えるための独自税財源の導入を検討しているが、国としてはどう考えているのか。これに対し、国交省は明確な回答をしなかったものの、運行費補助など財政支援に対する国の主体的な関与には依然消極的なようである。

提言を地方行政のトップらはどうみているのか。ＪＲ各社のローカル線を抱える全国28道府県は2022年5月、国が国策として「国の交通政策の根幹である全国の鉄道ネットワーク維持に責務を負う」よう政府に求める緊急提言書（「未来につながる鉄道ネットワークを創造する緊急提言」）を斉藤鉄夫国土交通大臣に出した。また、先述の国交省検討会による提言公表の翌月、代表者である平井伸治・鳥取県知事（全国知事会長）に、提言を踏まえた今後の鉄道のあり方について、東京都内で単独で話を聞く機会があった（取材インタビューは同年8月12日）。

まず、提言内容について手厳しい指摘があった。

「（特定線区再構築協議会の設置など）話し合いに国が主宰者として入ってくることは評価しているが、バス転換を含めた国の交通ネットワークに政府がどのように関与するかについては提言に書かれていない。バス転換があります、ＢＲＴがあります、さらには上下分離（公設民営）があります、さぁ地方が考えてください、と見えてしまう。そこに国の姿が見えず、（我々地方側には）戸惑いがある。やはり、政府が国の交通ネットワークの維持に役割を果たすことが重要ではないか」

輸送密度が１０００人未満など経営的に厳しい路線に関しても「なくてもいい路線は

一部整理されるかもしれない」としたうえで、「その際に列車が駆け抜けられる路線ネットワークという観点が必要。（鳥取県がかかわる）ＪＲ山陰線でも東側の兵庫県と接する区間では輸送密度がかなり低いが、その区間を切ったら、貨物列車は通れなくなる。このことはリダンダンシー（国土計画でいう交通ネットワークなどの冗長性・余剰）の考えだ」と付け加えた。

「国はＪＲのあり方を見直せ」

平井知事が国策としての全国鉄道ネットワークの維持にこだわるのは、いくつか理由がある。まずは、旧国鉄改革（分割民営化）をめぐる経緯に関する筋論である。「旧国鉄改革時に全国的な鉄道ネットワークについて当時の不採算路線を含めて事業全体で採算を確保できるように制度設計された」という事実と、それを踏まえ、ＪＲ本州３社の完全民営化を目前に控えた２００１年の衆院本会議で、当時の国交大臣がその過去の「経緯を踏まえる必要がある」と答弁したことである。そのように制度設計された事業構造が維持できないなら、単に路線を廃止して縮小均衡を図るのではなく、「国はＪＲのあり方そのものに立ち返って方向性を示すべきである」と主張する。

それとともにと言うよりは、それ以上に重視するのは、もう少し長い歴史的スパンから見た鉄道ネットワーク自体に対する国の役割である。昨今流布されている「国土強靱化」や「国土の均衡ある発展」という言葉以前に、日露戦争を契機に当時の産業発展や軍事面の要請から鉄道網の重要性が強く認識され、鉄道網の大半を国有化した鉄道国有法が１９０６年（明治39年）に誕生して以来、国内各地に広がった鉄道網が人や物資の運搬などを通じて日本の経済発展を大きく支えてきた。

そのネットワークを縮小することは、「人々の避難や軍事物資の運搬などに果たす鉄道の役割の大きさが浮き彫りになった昨今のウクライナ危機を見ても国家的な損失になる」と、平井知事は力を込めた。

「社会政策とみなす」世界から逆行する日本

国交省検討会の提言は、ある意味で国が地域主権を隠れ蓑に自らの責任を放棄しているようにもみえるが、それについてはどう考えるかと尋ねたところ、「まったく、その通り」という答えが即座に返ってきた。

「あれだけ飛行機が飛んでいる米国でも連邦政府がアムトラックの鉄道ネットワークを

支えているし、フランスやドイツなど欧州の主要国の鉄道も民営化の手法を採ったが、いずれも国家が後見役を担い、地方だけに責任を押し付けている国はない。そういう世界の潮流に日本だけが逆行しているような気がしている。航空がどんなに発達しても、鉄道における人々や物資の輸送は緊急時の危機管理に寄与するという考えが普遍的な価値観としてあると思う」

総務省の官僚時代にニューヨーク勤務の経験もある平井知事は、地球規模的な視座からも国による鉄道網の維持の必要性を強調したが、その中で「社会政策」という言葉も口にした。

「私も仲間の知事たちと一緒に政府に対し国が鉄道網維持に責務を負うべきと要望しているが、ある国会議員が、地方が責任を負うべきだと言ったのには正直愕然とした。おそらく、そういうことを根回しする人がいるのだと思う。それは残念ながら世界の趨勢とは違う。世界は貧困対策とか社会政策として鉄道を考える時代に入っている」

「最終的には高齢者や車を運転できない人、飛行機に乗れない人を含めた交通弱者を支えていくために、ローカル鉄道とバス・タクシーを組み合わせながら対策を講じていかなければならない。その点について、政府はもっと認識すべきではないか。とりわけ、

ＪＲの路線は国家的に重要で戦略的な路線であり、そう簡単になくしてしまっていいのか。なくしてしまうのは非常に簡単だ。ただ、廃線になった途端に戦争でも起きたら、軍事物資や人々の避難はどうなるのかという視点が抜け落ちてはいないか。だからこそ、鉄路を失わないために政府として責務を果たしてもらいたい。そうした事情は米国やフランスやドイツなど海外でも同じだ。それこそが国家行政としての危機管理の要諦ではないか」

運営財源としての「交通税」の可能性

日本でも鉄道など公共交通の維持を社会政策として位置づけるべきなのかという問いに対しても、「そうだ」ときっぱりと断言したうえで、欧米と同様に国や自治体が運営費に対して補助することにも平井知事は前向きな発言をした。

「（鉄道を含めた）運営費に対する補助は世界的に見て（日本での実施も）あり得ると思う。日本でも研究すべきではないか。その財源として税金との関係性をどうするのか。フランス（の交通税）で言えば、職業税（筆者注：＝地方事業・企業課税）の上乗せみたいなものを税金としてかけているが、その仕組みを含めて、負担と受益の関係を再構成する必要が出てくると思う」

フランスの交通税のような独自税財源は日本でも参考になるのかとの質問に対しては、「滋賀県で検討している条例（筆者注：地域公共交通を支えるため、広く県民に負担してもらう交通税に関する条例）もそういう発想に基づくものだが、これは滋賀県だけの問題というか、おそらく社会政策や公共交通ネットワーク維持のために、国税として環境税と併せて考え得る方策と思う」と語った。

欧米ではコロナ禍の中でも鉄軌道網の充実強化に向けた動きが活発だったのは、これまで見てきたように、その運営を支える税財源制度がかなり昔から構築されていることが大きい。どの国の税財源制度でも共通しているのは、過度のクルマ社会を是正し、国民の公共交通離れに歯止めをかけるために誕生したことである。その意味で、日本の公共交通はすでに欧米の取り組みから50年も遅れてしまった。国内のローカル鉄道が瀕死の状況にある中でも「ガラパゴス的思考」から脱却できないのだとしたら、前途は暗いと言わざるを得ないだろう。

「上下分離」試案・独自税財源と広域行政への権限移譲セットに

第1章でも受け皿としての「上下分離」に関して少し触れたが、最後に具体的な処方箋までは至っていないものの、日本のローカル鉄道など地域公共交通の再生へ向けて、一つの試案を示したい。

参考になるのはドイツである。先ほども説明したが、ドイツでは旧ドイツ国鉄の民営化に伴い、近距離公共交通の計画策定・運営の責任・権限を連邦政府から各州政府に移譲するための「地域化法」が1996年に施行されたことにより、州政府は連邦政府から入る手厚い助成金を元手に、自らの管内にある近距離公共交通（近距離鉄道のほか、地下鉄、路面電車、バスなど含む）を運営する動きが広がった。

この助成金により、旧ドイツ国鉄や、その後の民営化で誕生したドイツ鉄道が運営していた当時よりも近距離鉄道の運行頻度を高頻度（フリークエンシー）にしたり、車両のグレードを上げたりするなど利用者本位のサービスを実施できている。日本のように旅客需要が少ないから、サービス水準を質量ともに落とすという「需要追随型のサービス供給」ではなく、サービスを質量ともに上げながら潜在需要を掘り起こしていく「需要開拓型のサービス供給」なのだ。この結果、鉄道に利用客が徐々に戻り始めている。

ローカル鉄道を実際に運行するのはドイツ鉄道（正確には「ドイツ鉄道地域会社（レギオバ

ーン）」）であったり、公募したドイツ鉄道以外の民間鉄道事業者であったりするが、運営を司る事業主体はあくまでも州政府なのだ。これがドイツのローカル鉄道など近距離公共交通に採用される「上下分離」の手法である。

実現の難易度は高いが、日本でも最終的にはこのドイツをモデルにした上下分離手法の導入が望ましいのではないだろうか。その際にまずはフランスの交通税なども参考にした独自の税財源に裏付けられた国の強力な財政支援制度をつくることである。そのうえで、都道府県もしくは、複数の都道府県にまたがる、ドイツなど欧米の州政府に相当するような、より広域な行政組織（現在の日本にある既存組織としては「広域連合」が該当するか）にローカル鉄道など地域公共交通の計画・運営権限を移譲。その広域行政組織がJRのローカル線を含め管轄するすべての地方鉄道のインフラを保有し、運営を沿線のJR旅客会社や地方民鉄など鉄道事業者に委ねる上下分離のやり方は考えられないだろうか。輸送密度が極端に少ない鉄道路線まで救済するかは別として、中長期につながる姿として提案したい。

第3章　遠ざかる路面電車ルネサンス

ウソのように鳴りを潜めた待望論

近年、国内の新聞・雑誌やテレビなど各種メディアで路面電車（トラム）を大きく取り上げることが以前と比べ少なくなったように思う。もちろん、たまには路面電車に関する記事や番組などは見かける。しかし、その場合でも国内で現在走っている路面電車にまつわる話がほとんどで、新たに導入が計画されている路面電車事業に言及した記事などはあまり見かけない。

中心市街地の活性化や、都市の中心部に人口密度や商業機能の集積を上げる「コンパクトシティ」化が大きな政策課題だった1990年代後半から2000年代初頭ごろまでは、そのための有力な手法としての路面電車待望論とも呼べるような世間一般のムードがあったのがウソのようである。

なぜ、そうなったのか。やはり現実の問題として路面電車を導入しようとする動きが鈍いからであろう。

フランスでは25都市で新規導入

日本とは対照的に、海外での新規導入の動きは相変わらず活発である。英国の著名な都市交通研究家、マイケル・タプリン（Michael Taplin）によると、日本では「ＬＲＴ」（Light Rail Transit）と呼ばれる高規格型のシステムを備える路面電車は１９７８年に誕生したカナダ中西部の中核都市エドモントン市がその先駆けで、その後急拡大し、２０２１年までに導入した都市の数は延べ約２４０に上る（『SYSTEM OPENINGS 1978-2021, THE TRAMS RETURN』）。

中でも注目されるのはフランスである。同国ではもともと、旧来型の路面電車でもマルセイユ、リール、サンティエンヌの3都市しか残っていなかったが、１９８５年に西部の拠点都市ナントで高規格型のトラムが導入されて以降、都市再生と一体になった取り組みとして一種の建設ブームとなり、２０２１年までに導入都市は25都市（２００７年に高規格型を開業したマルセイユを含む）に達している。

フランスでこれだけ路面電車が急速に広がったのは、第2章で述べたように建設費だけでなく、毎年の運営費をも支える交通税など充実した税財源制度があり、公共交通の整備充実を促すため国民の「移動権」を制度保障した基本法（「国内交通基本法」）があるからである。

フランスの都市の中でも歩行者専用ゾーンの拡大などまちづくりと一体になった公共交通整備の先駆けになった東部の拠点都市ストラスブール。中心部が車に占拠されたかつての「灰色の街」は、今や流線形の斬新な車両デザインの路面電車の路線網が市内各地に張り巡らされている。

１９９４年に最初に開業したＡ線の場合、建設費財源の内訳は交通税が26・7％、国の補助金が17・0％で、残りが事業主体であるストラスブール広域共同体（ＣＵＳ）の負担金、州・県の負担金、ＣＵＳの第三セクターである運行会社ＣＴＳの負担金。さらに、路面電車とバスを合わせたＣＴＳ全体の運営費の大半に対しても交通税や国の補助金が充てられている。

近年、日本ではＥＵが推進する持続可能なまちづくりを目的にした総合的な都市交通計画の策定を推奨する動きが出ているが、計画を裏付ける強固な税財源制度があって、はじめて計画は生きたものになるのである。

遅れたイタリアでも「トラム・ルネサンス」の動き

フランスよりも新規導入の動きが鈍かったイタリアでも近年、「トラム・ルネサンス」(路面電車の復活・再生)と呼ばれるような流れに転じている。新たに路面電車が復活したり、路線網を広げたりする都市が増えている。

路面電車は第二次大戦後、世界的な自動車の普及に伴い、「道路交通の邪魔もの」として各国で廃止が相次いだが、イタリアも例外ではなかった。かつては約80都市で路面電車が走っていたが、1960年代には14都市にまで減ってしまったといわれる。

しかし、そうした縮小の流れが変わってきた。21世紀に入り、「次世代型」の新たな路面電車の開業が相次いでいるのだ。

EUの経済支援を受けて、シチリア島北東端の都市メッシーナ(開業は2003年4月)を皮切りに、サルデーニャ島のサッサリ(2006年10月)、カリアリ(2008年3月)の2都市でも開業。2007年3月には北イタリアの古都パドヴァでゴムタイヤ式のトラム(正確には路面電車ではなく、トロリーバスに近い)が導入された。同じ北イタリアの都市ベルガモでも2009年4月から、かつて鉄道が走っていた線路を活用した路面電車が

大学病院の建物前まで延伸したフィレンツェのトラム

郊外路線として運行されている。
２０１０年2月にはフィレンツェでも約50年ぶりに隣町と結ぶ郊外路線として路面電車が復活した。同じ２０１０年の12月にはヴェネツィアと言っても本土側のメストレだが、パドヴァと同じゴムタイヤ式トラムが誕生。２０１５年9月にはメストレ中心部から、ラグーナ（潟）に架かる長大なリベルタ橋を渡ってヴェネツィア本島のローマ広場までの新たな系統が開業した。フィレンツェでは当初の予定よりもかなり遅れたが、街なかと大学病院や空港を結ぶ新たな路線も２０１８年から２０１９年にかけて誕生した。
路面電車開業の動きはシチリアでも広が

っている。長い間、工事が続いていた州都パレルモでも4路線で路面電車の運行が2015年に始まった。イタリア全土における現在の開業都市の数は、ミラノなど古くから存続する6都市に、新規開業した8都市を加えた計14都市（総路線距離は約300㎞）にのぼり、1960年代の水準まで戻ってきた。

　近年では持続可能な都市交通に対してのイタリア政府の強力な予算措置に加え、EUが新型コロナウイルス感染対策の一環として打ち出した「復興基金」が後ろ盾になっている。1990年代、ドイツやフランスなどの動きを「トラム・ルネサンス」と専門家は呼んでいたが、路面電車の新規導入ではこれまでヨーロッパ主要国の中で後塵を拝していたイタリアでも着実に「トラム・ルネサンス」の軌道に入ってきたと言えるだろう。

　私はこのところ、こうしたイタリアの動きを世界的なトラム・ルネサンスのいわば「遅行指標」として重視し、その動向をウオッチし続けている。以下、日本ではこれまであまり紹介されてこなかったイタリアの動きを少し詳しく見てみたい。

現代的システムを導入したメッシーナ

シチリア島（州）北東端にある港町で、イタリア本島からシチリア島に入る際の鉄道の玄関口でもあるメッシーナ（人口約24万人）。中世にペストが西アジア方面からヨーロッパに上陸した最初のまちとしても知られる。この都市で２００３年４月にイタリアで初めて車両を含めた現代的なシステムを持つ路面電車が復活開業した。

メッシーナも１９１７年から１９５１年まで旧来型の路面電車を走らせていたが、その後50年以上、路面電車のないまちだった。復活に当たってはシチリアを含めた経済的に困窮している国・地域に対するＥＵの財政支援が大きな弾みとなった。

路線は、メッシーナ海峡の海岸線に沿って市の南北地域を結ぶ７・７㎞。北側の州立博物館と、南側の路線バスのターミナルがある住宅地区を結ぶ。真ん中あたりにあるイタリア鉄道（ＦＳ）のメッシーナ中央駅前にも電停があり、同駅前には南北両方面から来たトラムが半円状に回る線路が敷かれている。

ただ、メッシーナには最近、混乱もあった。１日当たり約1万人の利用があるものの、２０１８年６月に選ばれたメッシーナの市長が就任から1年後の２０１９年６月をもって路面電車を廃止したいとの意向を表明したのである。しかし、これに対し、国のインフラ・交通省がトラム開業後30年の間、つまり２０３３年までは路面電車に代わる交通手段のための補助金は一切出さないとする方針を市長側に改めて伝えたことによって、廃止計画を思いとどまらせた。交通省は代替案として車両(計15編成を所有)の更新に1100万ユーロを支出するほか、北側のルートを大学まで延伸するために1億1000万ユーロを出すことを約束した。

パレルモは同時に4路線開業

シチリアではこのほか、州都パレルモ(人口約67万人)でも2015年12月に4路線が同時に新規開業した。ここでも第二次世界大戦後間もない1947年にいったん廃止されており、実に68年ぶりの復活となった。

路線距離は計23・3㎞。運行は路線バスも運行するパレルモ市出資の運行会社AMATが手がける。4路線のうち、唯一パレルモ中央駅前(南東口)から出ているのは、市南東方面に向かう1号路線(L1)である(残る3路線はいずれも郊外の住宅地域に向かう路線)。

L1はティレニア海岸沿いの住宅地域を走り、終点は新規に開発された郊外ショッピングセンター(SC)。走行路はすべて車道に接している専用軌道で、沿線風景も商店街を通ったり、近くにティレニア海が見えたり、なかなか眺めは良い。路線距離は5・5㎞。所要時間は22分と短い。

世界的に路面電車の建設は各地で広がっているが、近年の特徴の一つは郊外でのSC新設など商業開発を目的に路線が敷設されていることである。パレルモのL1もそうした性格を持った路線である。終点の電停は大規模な駐車場とともに広大な商業施設の敷地内にある。

パレルモは市の交通計画に基づいてトラム路線のネットワーク拡大を計画している。市の南北地域を貫く2路線の新設や、L1など既存路線の延伸である。これら新設・延伸によって、トラムの路線距離は28㎞に広がる。先ごろイタリア政府から約5億ユーロの補助金を得ている。

フィレンツェでは路線網が拡大

イタリアの古都で中部トスカーナ州の州都フィレンツェ（人口約38万人）でも路面電車のネットワークが急速に広がっている。

フィレンツェの鉄道の玄関口、サンタ・マリア・ノヴェッラ（SMN）駅を降りると、芋虫のような愛嬌のある顔をした超低床型路面電車が5車体からなる全長30m強の車両をくねらせながら駅前を優雅に走る。

フィレンツェには現在、T1（1系統）とT2（2系統）の2路線がある。路線距離は計16・8㎞。このうち、T1路線はフィレンツェの鉄道の玄関口であるSMN駅と西側の郊外住宅都市スカンディッチ市を結ぶ路線として、2010年2月に開業した。フィレンツェの路面電車としては52年ぶりの復活だった。そして、T1路線は2018年7月にSMN駅前から市北部にあるフィレンツェを代表する大規模病院でフィレンツェ大学医学部の附属病院でもあるカレッジ病院に延伸した。

一方、中心部と空港を結ぶT2路線は2015年4月に着工、2019年2月に開業した。SMN駅から南側の旧市街寄りにあるウニタ（＝イタリア統一）広場を起点にピサ方面に向かう幹線鉄道の下を潜り、北西にあるペレトーラ空港に向かう計5・3㎞のルートである。

T1路線をめぐる新たな動きとして注目されるのは、有名なフラ・アンジェリコのフレスコ画「受胎告知」などがあるサン・マルコ修道院など観光スポットが近くにあるサン・マルコ広場に向かう延伸ルートである。復活したとはいえ、フィレンツェのトラムは現在、2つの路線とも郊外へ向かっており、この延伸により、初めて中心部の内部を走るルートが生まれることになる。延伸開業後にはこのT1路線は観光客らでにぎわうだろう。

フィレンツェではこのほか、さらに3つ以上の路線新設・延伸の動きも急展開している。ピサ方面に向かうイタリア鉄道のローカル鉄道に乗り入れるルートや、ペレトーラ空港からさらに北部方面の住宅地への延伸を計画している。市はこの2つの延伸のために4億5500万ユーロの建設財源を充ててもらえるよう、インフラ・交通省に求めている。

路面電車の利便性は高く、通勤にマイカーから乗り換える市民が増えているという。例えば、最初に開業したT1路線の場合、運行間隔は平日の日中時間が4分に1本、日曜や休日でも9分に1本とかなりの高頻度運行である。筆者も実際に何度か平日の日中に乗車したが、運行時刻はほぼ正確で、しかも頻繁に運行されているとの印象を持った。人口密度の高い大都市ならいざ知らず、フィレンツェのような中規模都市でも車に慣れた市民らを公共交通の利用に向かわせるには、このくらいの高頻度運行が必要になるのかと痛感したものだった。始発時間は朝5時半で、最終は0時半であり、運行時間は他のヨーロッパのトラム運行都市と同様、ほぼ一昼夜にわたる。

週末にはスカンディッチの一般的な市民がマイカーではなく、トラムでフィレンツェに来るようになったという。これまでは、公共交通と言えば、利用客の大半は学生や年金生活者だったといわれるだけに、大きな変化と言えるだろう。「フィレンツェはクルマ中心のまちだっただけに、トラム・ルネサンスとも言えるような変化かもしれない」と開業した2010年夏の取材時、同市の交通政策担当長官を務めるマッシモ・マッテイ議員は話した。

担当部局のトップであるフィレンツェ市インフラ・交通政策部のヴィンチェンツォ・タルタリア部長からは、以下のような話を聞いた（2012年）。市が利用客3000人にアンケートしたところ、44％が「少なくとも毎週5回利用している」と回答。さらに、アンケートで（トラムの）成功の理由を聞くと、49％が「スピードや正確な定時運行を評価する」と答え、37％が「高頻度（平日4分間隔）」を理由に挙げた。

こうした利便性の高い公共交通サービスを市民らが享受できるのも、充実した財源があるからこそである。

T1路線の投資額は当初、1億7000万ユーロと見込まれていたが、最終的に2億4000万ユーロに上った。財源内訳は「市が30％、トスカーナ州が10％、EUが15％、残りが市の第三セクターの運行会社（GEST）による民間金融機関からの調達（借金）」

という。つまり、運行会社が自ら負担する額は半分以下である。

運営財源も公的補助金がかなり入っている。Ｔ１路線の運行経費のうち運賃収入は30％程度にとどまり、残る大半は市などの補助金が充てられる。

フィレンツェのトラムで興味深いのは、利用客の15％は元々、マイカーを使ってきたという点である。言い換えれば、公共交通を初めて利用する者を掘り起こしたわけである。こうしたことで、トラムの走っている地域ではマイカーの利用が減り、スカンディッチからフィレンツェへ向かう道が慢性的に車で混んでいた渋滞問題も緩和されたという。

「フィレンツェへの贈り物」（マッティ氏）の意味を込めて、２０１０年2月14日のバレンタインデーに復活・開業したフィレンツェのトラム。利便性の高いサービスを市民らに提供したことにより、公共交通の新たなニーズを着実に掘り起こしており、運行ルート以外の地域の住民からも「うちにもトラムが欲しい」との声が広がっている。

パンデミック下、新たな導入計画が続々と

さらに最近ではコロナ禍のパンデミックで閉塞感が強まる社会・経済状況を打破する

ための手立てとして、路面電車復活の計画が進んでいる。その背景にあるのがイタリア中央政府やEUの強力な財政支援である。

イタリア政府は近年、持続可能な都市交通プロジェクトへの支援に力を注いでいる。その契機になったのが、2018年12月に公表した「持続可能な移動に向けた国家戦略プラン」だった。これに基づき、2019年国家予算で2033年までの予算措置を保障する法律が制定された。

元々は2019年半ばまでに財源保障を申請した自治体が対象だったが、その後、2021年1月まで申請期間が延長された。それを後押ししたのがコロナ対策の一つとしてEUが打ち出した総額7500億ユーロのコロナ復興基金だった。イタリア政府の支援額にこのEUの復興基金が上積みされたことで、予算措置が充実したのである。

こうした強力な財政支援を追い風に、トラムの復活に手を挙げる都市が相次いだ。ボローニャやレッジョ・エミリア、ブレーシャ、ピサ、トレント、ボルツァーノなどである。大半は財政が比較的豊かな北・中部地域に集中している。このうち、ミラノに次ぐロンバルディア州第2の拠点都市（人口約20万人）であるブレーシャは既に無人自動運転の地下鉄を2013年に開業しているが、新たに2つのトラム路線を市内に建設することで注目されている。

新規トラム路線を計画するイタリアの都市の中でも最も野心的な計画を打ち出したのが、エミリア・ロマーニャ州の州都であるボローニャ市（人口約39万人）である。

同市は2018年11月に「持続可能な移動に関する都市計画」（PUMS、Piano Urbano della Mobilità Sostenibile di Bologna Metropolitana）を採択。この中でトラムを持続可能な移動を実現するための有力な手立てであるとともに、沿線価値など都市のクオリティーを高めるものと定義づけたうえで、2030年までに4路線、計57㎞の大規模な路線網を構築する方針を打ち出した。

1号路線は「レッド・ライン」（Linea Rossa）と呼ばれ、市西部地域と北東部地域のボローニャ大学農学部、見本市会場を結ぶ16・5㎞。路線の大半は専用軌道で、沿線にはイタリア鉄道のボローニャ中央駅と接続する電停も置かれる。

ボローニャの東西地域をつなぐ基幹軸とも言えるルートで、沿線には市西部のマッジョーレ病院や、ボローニャのシンボル拠点であるマッジョーレ広場近くの商店街のウーゴ・バッシ通り、マッジョーレ広場とボローニャ中央駅を結ぶ最大の目抜き通りであるインディペンデンツァ通り、見本市地区などボローニャの重要な施設や通りなどがある。

既にインフラ・交通省から建設資金（5億900万ユーロ）の交付を受けたことにより、2023年4月に着工、2026年末の開業を目指している。

4～5分という高頻度間隔で運行、全路線区間の所要時間は52分を見込んでいる。全長32～42mの長大編成の低床連接車両（収容能力220～290人）を26編成調達。歴史的中心地区では架線レスのバッテリー充電により走る。ボローニャの路面電車は1963年に廃止されたので、約60年ぶりの復活となる。当初、平日1日当たり8万人の利用を見込んでいる。

財源調達はまだ確定していないが、2番目以降の路線ルートも決まっている。2番目の路線は市北部地域と市中心部を結ぶ「グリーン・ライン」（Linea Verde）。路線距離は7・4km（うち1・5kmはレッド・ラインと併用）を予定している。

3番目の路線は「イエロー・ライン」（Linea Gialla）として南部地域と西部地域をつなぎ、最後の4番目は「ブルー・ライン」（Linea Blu）の名称で西部地域と東部地域を結ぶ路線となる。4路線とも市の東西を結ぶ主要な幹線バス路線を考慮して決められた。4路線の利用客数は開業後当初は1日当たり10万人を見込み、将来は30万人、ボローニャ市内の公共交通の利用客数の21％を占めると予測されている。

ボローニャ市はこれまでにも幾度となくトラムの導入計画を打ち上げてきたが、その都度挫折してきた。今回、やっと悲願がかなったと言える。

米国ポートランドは、運営財源の半分以上を所得税上乗せ分などで調達

マイカー大国といわれる米国でも路面電車再生の動きが1980年代から広がっている。その中でも、公共交通のサービスの利便性向上に向けて多様な財源調達方法を探っている事例として示唆的なのは、米国西海岸のポートランド都市圏（中心都市のポートランド市など計25市で構成）である。ポートランド都市圏は米国の都市に珍しく、成長管理政策の一環として公共交通のネットワーク拡大に意欲的に取り組んできた。

同都市圏の公共交通を所管する交通事業者、トライメット（TriMet）は1986年に都市圏の東西地域を結ぶ路線として開業した「ブルー・ライン」を皮切りに、これまでにポートランド市のダウンタウン（中心地区）と郊外都市を結ぶ郊外路面電車のライトレール（愛称「MAX」）を計5路線（路線距離約96㎞）整備してきた。

ほとんどの路線では主要な建設財源は連邦補助金である。2009年に開業した「グリーン・ライン」の場合、連邦補助金は建設財源の72％を占める。残りはポートランド市、クラカマス郡など地元自治体の補助金（24％）とオレゴン州の交通基金（4％）である。2015年に開業した最も新しい路線、南部に位置するクラカマス郡のミルウォーキー市とダウンタウンを結ぶ「オレンジ・ライン」（建設費は14億1760万ドル）も、建設財源の60％（8億5060万ドル）が連邦補助金で、残る40％がオレゴン州やメトロ基金、トライメット、ポートランド市、クラカマス郡、ミルウォーキー市など地元自治体関係の補助金である。

トライメットの運営財源も興味深い。運営費財源で最も多いのはオレゴン州の州税である給与所得税（Payroll Tax）の上乗せ分など州一般財源である。コロナ禍前の2019財政年度（歳入総額6億3434万ドル）では3億7275万ドルで、運営費全体の59％を占める。運賃収入（1億6883万ドル）は全体の17％を占めるに過ぎない。残りは連邦政府運営費補助金（9966万ドル）などである。

コロナのパンデミック後になると、運賃収入は急減するが、給与所得税など州一般財源のほか、連邦政府が従来の運営費補助金のほかコロナ関連救済補助金を手厚く支給することで補填している。2022財政年度（歳入総額8億3419万ドル）でみると、運賃収入（5394万ドル）は全体の6％を占めるに過ぎないが、その大幅な減少分を給与所得得税など州一般財源（4億6353万ドル、全体の同56％）、連邦政府の運営費補助金（1億7230万ドル、21％）、同じく連邦政府のコロナ関連救済補助金（1億2190万ドル、15％）が補っているのである。

建設財源は駐車場収入や固定資産税上乗せ分など

トライメットのライトレールとともに、ポートランド都市圏の公共交通として見逃せないのは、ポートランド市交通局が事業主体になり、中心部の南北をサークル状に循環運行するストリートカーである。

ストリートカーはポートランド市中心部における歩ける範囲内で買い物など基本的な生活ができる近隣地区の形成や、そのための高密度な複合開発を促すというコンパクトシティづくりのテコとして、2001年7月にまず路線距離7・6㎞区間（上下の各線路はそれぞれブロックの違う3・8㎞の単線として整備）に及ぶL字形の路線ルートで営業が始まった。その後、計5回にわたり路線が延伸され、2015年に市内を流れるウィラメット川南側を渡る公共交通・自転車・歩行者専用橋の完成によって、路線がループ（環状）化された。

ストリートカーの路線は現在、時計回り、反時計回りの2つのループ線と、ポートランド市の北西地区と南西地区を結ぶ路線の3路線がある。合計の路線距離は25・6km（単線部分で12・8km）に上る。

建設費、運営費ともに独自の財源を充てているストリートカー事業の財源調達スキームも注目に値する。まず注目したいのは、公共駐車場から上がる駐車料金収入の転用である。第1期の建設プロジェクト（7・6km区間、建設費5450万ドル）では建設財源として連邦補助金が受けられなかったこともあり、市がダウンタウンに設置する公共駐車場の駐車料金値上げ分を原資とする基金（総額2850万ドル）が最も多く、建設費の半分強（52・3％）を占めた。このほか、駐車場収入を原資とする基金も200万ドル（全体の3・7％）あり、両者を合わせると建設財源全体の56％に上る。クルマ利用の受益者から公共交通の整備費用を間接的ながらも徴収するやり方は、公共交通優先のまちづくりを目標に掲げるポートランド市らしい取り組みと言えるだろう。

駐車場関連収入以外で財源額が多かったのは、LID（Local Improvement District、近隣改善地区）と呼ぶ沿線地区内の土地所有者から徴収する固定資産税の一定の上乗せ分である。960万ドルと建設財源の2割近く（17・6％）を占める。LIDは当該地区の土地所有者が街路清掃など地域の行政サービスの補完業務を手がけるために組織する米国独自の制度である。土地所有者は業務執行の際、財源として固定資産税の上乗せ分を納める仕組みだが、市側はこの制度をストリートカー事業に適用したのである。具体的には、市側が沿線両側の各2ブロック（奥行きは約12ｍ）の範囲内にＬＩＤを設定することを提案し、設定に必要な土地所有者の過半数の承認を得る手続きを踏む。

次いで多いのはＴＩＦ（Tax Increment Financing）である。ＴＩＦもＬＩＤと並ぶ米国独自の財源調達方法である。特定地区の再開発などで生じた地価上昇によって見込まれる固定資産税上昇分をあてにして、再開発を手掛ける都市開発公社が開発資金を調達するための債券を発行するものである。ＴＩＦで債券を発行すると、市は徴収する固定資産税を開発前の税額に固定し、開発によって生じる固定資産税増額分を都市開発公社が債券の元利返済に充てる。開発期間は通常、20年程度に設定されている。

ポートランドの場合、ＰＤＣと呼ばれるポートランド都市開発公社（Portland Development Commission）が「都市再生地区」に設定した沿線地区の土地所有者を対象に、将来20年間の土地評価額上昇に伴う固定資産税額の増加分を財源にしている。この増税の是非をめぐって、住民投票が行われるのも行政の透明性の観点から注目したい（ちなみにＰＤＣは

2017年にProsper Portlandという組織名に変わっている)。

LIDやTIFを日本で導入しようと思っても、固定資産税を所管する地方税法など関連する法律の改正を要するため、実施は容易ではないだろう。さらに、TIFには不動産市況の好転が必要である。ただ、LIDに関しては地方分権が進展し、市民自らが行政サービスをめぐる受益と負担の関係を判断することが求められる現在、そのための格好な「道具」になるのではないだろうか。とりわけ、ライトレールなど地域公共交通システムの導入の是非を考える際に単なる財源調達の手段に終わらない価値を持っていると考える。

ストリートカーの運営費は2017財政年度で1333万ドルだが、運営財源で最も多いのは、運転手らを派遣しているトライメットからの負担金(752万ドル)で運営費全体の56・4%を占める。次いで多いのは事業主体ポートランド市交通局の補助金(401万ドル、30・1%)であり、運賃収入は沿線企業から徴収するストリートカーの案内パンフレットなどに使う広告宣伝収入と合わせても180万ドルと運営財源の1割強(13・5%)に過ぎないのである。

このように躍進を続けるポートランド都市圏の公共交通だが、実は苦難の歴史がある。

かつては日本と同じように民間の交通事業者が都市圏の路線バス事業を担っていたが、1969年に経営破綻に追い込まれたことで、都市圏の自治体（3郡25市）が共同で公的な事業者であるトライメットを設立した。もしも民間交通事業者が経営破綻せず事業を続けていたならば、現在のようなポートランドの公共交通の発展はなかったかもしれない。

富山は奇跡だったのか

このように、路面電車の新規導入においてヨーロッパの国々の中でも後塵を拝してきたイタリアや、マイカー大国・米国における路面電車再生の動きを見ると、海外との隔たりの大きさを感じざるを得ないが、日本でも動きがなかったわけではない。日本で「いよいよ路面電車が復活か」との期待感が高まる契機になったのが、北陸の拠点都市、富山市の一連の取り組みだろう。

同市は実質的な上下分離（公設民営）手法を導入して運行会社の第三セクター会社をつくり、慢性的に赤字で廃止寸前だった旧JR富山港線を2006年に路面電車として再生。2009年には今度は民営事業者の富山地方鉄道が運行する市内線について、

駅の南北が接続された富山市の路面電車

軌道のなかった中心部の一部に市自らが線路を敷くことで環状につなげたのである。

日本中が新型コロナウイルスの感染拡大に揺れ始めた2020年3月21日、路面電車事業を推進してきた富山市の森雅志市長（当時）は、東京など全国から関係者らを招いた大規模式典を挙行した。同日、JR富山駅の南北を走る路面電車の路線が一本につながったのを祝うものだった。感染を懸念したのか欠席者もいたが、それでも1100人ほどが参加したという。前日、富山駅構内で開いた発車式には赤羽一嘉・国土交通相（当時）も出席した。

森氏は2002年の市長就任以来、ほぼ一貫して公共交通を軸にして、沿線に居住や商業など様々な都市機能を集積させるコンパクトなまちづくりに取り組んできた。「路面電車南北接続」はそうした「コンパクトなまちづくりの大きな到達点」と森市長はかなり前から位置づけてきたし、式典でもそう力説した。

「始まりの偶然」と2つの要諦

式典はコロナ禍がより深刻化したその後だったら、ひょっとしたら中止もしくは延期になっていたかもしれない。その意味では森氏は幸運だったと言えるが、富山市のこれまでのまちづくりの取り組みもある意味で、「運も付いた偶然」から始まった。

私は富山市、なかんずくトップとして陣頭指揮した森市長の成果は何かと問われれば、いつも以下のように答えている。

①行き過ぎたクルマ社会を是正するための公共交通を軸にした拠点集中型のコンパクトなまちづくり戦略の構築
②公共交通に対する公的関与の強化

これらはもちろん、森市長の専売特許ではない。サステイナブル（持続可能）なまちづくりに力を注ぐ欧米の都市ならどこでも意を尽くしている「要諦」とも呼べるものである。ただ、森市長も当初からそうした明確な考え方を持っていたわけではなかった。後年、インタビューした際に「私は最初、そんなに公共交通やまちづくりについて分かっていたわけではなかった」と正直に語っていたのを思い出す。

「運も付いた偶然」とは、元々慢性的な赤字路線で廃止寸前だったＪＲ富山港線の処理のことである。北陸新幹線の富山延伸に伴う富山駅の高架化の際、同線には廃止の選択肢もあったはずだが、森氏はここで安易に廃線の道を選ばず、再生表明（２００３年）からわずか3年後の２００６年に市の第三セクター会社（「富山ライトレール」）を運行主体にした一種の上下分離手法により、路面電車として再生するという選択をした。この不利な状況を逆手に取ったことが、今日に至る出発点になったのである。

建設費58億円の財源のうち、半分を超す33億円を連続立体交差事業の補償費から使えたことは路面電車化の決断をする際、背中を押す大きな要因になった。だが、市の持ち出し負担も17億円にも及んだ。また、毎年度の運営費の一部も負担した。このことが、公共交通に対する公的関与の第一歩となった。

このライトレール化は大きな成功を収めた。単に低床車両の導入だけではなく、将来、地元の富山地方鉄道（以下、富山地鉄）が市内の富山駅南側地域で運行する路面電車（市内線）との南北接続を見据えて、富山駅北側の道路に延長1㎞あまりのレールを敷設。さらに、運行頻度をJR時代の1時間に1本から15分に1本にするなど利便性の高いサービスにも力を入れたことで、JR時代と比べ利用客数を大幅に増やした（2018年度実績では平日で約2倍、休日で約3・3倍）。

これで勢いづいたのか、路面電車化の前後から、公共交通を軸にしたまちづくり、言いかえれば、コンパクトなまちづくり戦略を構築するという考え方が強まる。市自らが名付けた「串・団子」戦略である。

路面電車やバス、鉄道など公共交通軸を「串」、その駅・停留所から500m（バス停では300m）以内で到達できる徒歩圏を「団子」と見立て、ともに発展させる考え方である。「公共交通の整備を起点にした都市開発」という意味で欧米の都市に広がる「TOD」（Transit Oriented Development）の考え方に近い。「団子」づくりの具体的な取り組みでは鉄軌道や主要なバス路線沿線の戸建てやマンションに住む場合には補助金を出すことで居住を誘導した。

中心部での公共交通への公的関与をさらに具現化したのが、富山地鉄が運行する市内線の環状化である。富山地鉄の路面電車はＪＲ富山駅を起点に南と西へＬ字形に走っている。富山ライトレールの開業から3年後の２００９年、このＬ字の中心、軌道のなかった１㎞弱の道路区間に市自らが線路を敷くことで、市内線を環状につなげた。線路だけでなく、低床車両も市自らが保有する上下分離手法を全国に先駆けて路面電車で初めて導入した。

そして次に講じたのが「南北接続」である。富山駅を境に南北に分かれていた「富山ライトレール」（富山ライトレール会社が富山地鉄と合併した２０２０年2月に「富山港線」の名称に変更）と市内線が1本のレールでつながったのである。これによって「市内に全長15㎞に及ぶＬＲＴ（次世代型路面電車システム）ネットワークが形成された」と、市は記念式典で配られたパンフレットに記した。

記念式典での森市長のスピーチで少し驚いたのは、コンパクトなまちづくりを明治の神通川（富山市を流れる河川）の大土木工事、昭和の戦災復興に次ぐ第3のまちづくりのステージと位置付けたことである。首長が自らの事業を現役中に歴史の文脈の中で評価するとはそうできるものではない。それだけの強い自負があるのだろう。

路線新設はわずか2km

　そうであるならば、さらに期待したくなるのが、市が言う「LRTネットワーク」の一層の拡大である。例えば、路面電車の鉄道路線（富山地鉄・上滝《かみだき》線）への乗り入れである。富山を代表する観光地である立山方面へ向かう上滝線（約10km）を市内線の南側起終点である南富山でつなぐというものである。この計画は10年以上前に打ち出されたが、残念ながら進展がない。「市長（森氏）が（上滝線乗り入れに）あまり前のめりになるな、と職員側に言っている」との話を市の幹部（当時）から聞いたことがある。式典で配られたパンフレットにも上滝線乗り入れなど今後のネットワーク拡大は多少触れられているに過ぎない。市が自ら線路を敷設したのは富山港線、環状線、そして南北接続（約300m）を含めても、合わせて2kmほどである。欧米の都市が路面電車で10km前後の新路線を相次ぎ導入している中、2km程度の新設でLRTネットワークの拡大というのは少し寂しくなる。

　さらに気がかりなのは、路面電車事業が中長期的に維持されていくのかという点である。富山市の取り組みで最大のポイントは公共交通に対する積極的な公的関与であるが、環状路線の市の敷設部分は市の事業として残るものの、富山ライトレールの解散で路面電車事業を富山地鉄がほぼ一手に引き継ぐと、路線ネットワークの拡大を含め、利便性の高いサービスを今後も打ち出せるのか心配になる。

富山地鉄も近年、自ら低床車両を導入するなど頑張っている。路面電車事業の採算は黒字である。ただ、懸念されているのは同社の鉄道事業が赤字である点で、このことが中長期的に路面電車事業の足を引っ張る可能性は残る。

富山市に続け、とばかりに、2015年には公営事業者の札幌市がやはり、わずかに線路が欠けていた都心部のすすきの地区にレールを敷くことで路面電車を環状化した。翌2016年には民営の福井鉄道と、第三セクターのえちぜん鉄道が接続駅で線路をつなげ直通運転化を果たした。このほか、富山市以前でも豊橋市や高知市でJR駅前に路面電車の線路を延ばすこともあった。ただ、これらのいずれもあくまで軌道網の拡大であり、新規の導入ではなかった。

宇都宮、世界でも珍しい「ゼロから導入」

そうした中で、日本国内でも久々に、しかもゼロからつくった全くの新規路線の路面電車が登場するのが栃木県宇都宮市である。実は欧米には宇都宮と同じように全くのゼロから路面電車を導入したケースはあまりない。たいていは第二次世界大戦前もしくは戦後までは路面電車が走っていたが、モータリゼーションの進展により廃止され、その後装いを新たに復活したというパターンである。そういう意味で宇都宮のようなケースは世界を見渡しても珍しい。この点は世界に向けて強くアピールしてもよいかもしれない。いずれにしても、宇都宮市の路面電車事業は、日本の地方鉄軌道事業の「希望の星」とも言えるような存在として関係者らの間で注目されている。

整備区間は宇都宮市のJR宇都宮駅東口と、ホンダの拠点工場などがある隣接する芳賀町の芳賀・高根沢工業団地を結ぶ14・6㎞。2023年8月の開業を目指し、建設工事が大詰めを迎えている。宇都宮市と芳賀町が設置・整備主体となり、両市町を中心に官民が出資する第三セクター会社、宇都宮ライトレール株式会社（宇都宮市）が運営する「公設民営」のライトレールである。

2021年5月末、待望の導入車両が宇都宮市の車両基地に運び込まれた。3つの車体を一つの編成として幌でつないだ連接車で全長約30m（定員約160人）。欧米都市でよく見かける本格的なライトレール車両だ。黄色を基調に窓回りはダークグレーを施し、フロント部分が流線形になっている。1編成当たり約4億円。全17編成の製造を新潟トランシスが受注した。

しかし、ここまで来るのは容易ではない道のりだった。宇都宮のライトレール構想は1993年にまだ路面電車とは特定化していない「新交通システムの導入検討」という形で始まったが、その当時から長年取材してきた者の一人としては、「よく実現できたものだ」と感心さえする。

長い間、福田昭夫・元栃木県知事をはじめ建設反対派（民主党＝現・立憲民主党も反対の立場）から強い反発が続いてきたためだが、2004年に栃木県知事と宇都宮市長に建設推進派（福田富一・元宇都宮市長で現知事、佐藤栄一・現市長）が選ばれ、両氏がタッグを組んでから、建設推進の方向に向けて風向きが変わり始めた。だが、その後も曲折があり、2013年3月に宇都宮市はやっと現在の路面電車（市の表記はLRT）による整備の基本方針を策定。2015年11月に運営会社を設立。さらに3年後の2018年5月に着工にこぎ着けた。

14・6㎞の全区間が複線で、車との併用区間は全体の約65％に当たる9・4㎞で、残る5・1㎞が専用区間。2021年4月には全19カ所の電停の名称も決まった。

開業時期は当初は2022年3月だったが、2021年1月に宇都宮市が公表したところによると、用地買収に手間取り、1年遅れの2023年3月にずれ込んだ（その後、さらに完成時期は遅くなり、最終的に2023年8月になった）。事業費も高架区間での軟弱地盤の強化や豪雨災害対策の強化などにより当初見込んでいた額（458億円）よりも226億円上回る684億円に膨らむことが明らかになった。

世界的に使われない「LRT」という言葉

路線14・6㎞の大半は宇都宮市だが、一部（2・5㎞）はホンダの拠点工場などが入る大規模な工業団地を抱える芳賀町である。そのあたりにこだわったためなのか、この路面電車の事業名は正式には「芳賀・宇都宮LRT」と呼ばれる。ちなみに、沿線の大半は宇都宮市内なのだから、事業名は「宇都宮LRT」もしくは「宇都宮・芳賀LRT」でよさそうだが、芳賀町への必要以上な気遣いからか、「芳賀」の名前を付け加えるだけではなく、宇都宮の前に持ってきたといわれる（本稿では以下、「宇都宮LRT」と表記する）。

少し脇道にそれるが、話の核心部分にもかかわるので、LRTという言葉の奇妙さについて触れておきたい。LRTという言葉はそもそも1970年代に米国の運輸調査局（TRB）が低床型車両や専用軌道など高規格型のシステム（車両を含む）の特徴を備えた「次世代型」の路面電車を指す用語として使用したのが始まりといわれる。だが、実際には欧米では「次世代型」の路面電車が導入・普及された1980年代以降であってもLRTという言葉は専門家の間でもほとんど使われていない。「次世代型」の機能を持つ路面電車でも「トラム」という呼称のままである。もちろん、ヨーロッパではその国々で昔から使われる固有の呼称はある。例えば、ドイツではStrassenbahn（シュトラセンバーン）、イタリアではTranvia（またはTramvia、トランヴィア）である。ただ、今ではもとはフランス語だった「トラム」の方が世界中の多くの人々に親しまれている。

だが、どういうわけか、日本では欧米での「次世代型」の動きに刺激を受けた国など関係機関が2000年代以降、「次世代型」と従来の路面電車とを区別するためにLRTという言葉を公式文書に使うようになり、それに合わせ新聞などメディアも「次世代型路面電車」や「次世代型路面電車システム」といった訳語を付けて普及に一役買うようになった。当時はフランスのストラスブールなど欧州の各地で相次いで斬新でお

全長30mに及ぶ宇都宮LRTの車両

しゃれなデザインの超低床車両が導入されたことも、ＬＲＴという耳慣れない言葉が新鮮なイメージを持って広く受け入れられるきっかけになった。いずれにしても、ＬＲＴという言葉の普及はきわめて日本的な現象だったのである。

宇都宮の路面電車事業でもＬＲＴという呼称を使ったのは、そうした日本全体の流れを受けてのものだろうが、問題はＬＲＴという言葉が本来意味する「次世代型」と呼べるようなシステムを備えているかどうかである。

宇都宮ライトレール株式会社で実務上の責任者を務める中尾正俊・常務取締役に、その点について詳しく聞いた。中尾常務は長い間、日本の路面電車界をリードする広島電鉄（広島市）でも路面電車部門のトップ（常務）を務め、２０１５年に宇都宮市から三顧の礼をもって招かれて現在のポストに就任した。

その中尾常務も「次世代型という以上、ハード、ソフト両面での近代化であるシステム化が欠かせない」と力説した。そのうえで、まずシステム化の一つとして挙げたのは運賃収受を伴うセルフ乗車である。従来の日本の路面電車（路線バスも同様）では運賃支払いのＩＣカードが普及しても、運賃収受の際は完全収受を目的に乗務員（ワンマンならば運転士）による目視確認の形を採るのが一般的だ。だが、乗客にはその分、運賃支払い（ＩＣカードのタッチ）をする降車用の前扉への移動に手間がかかり、そのことが電車の運行自体でもスムーズな発車を妨げ、表定速度の低下にもつながっている。

宇都宮ＬＲＴが導入する車両は全長30ｍに及ぶ3車体連接車で、ワンマン運転である。これまでのような運転士による運賃収受確認をしたら、車内移動がさらに面倒になるなど乗客の利便性・快適性が低下するだけではなく、運行の遅れにもつながりかねない。このため、速達性・定時性と利用客の利便性向上を目的にＩＣカード乗車券の使用を主体に、全扉（片側計4扉）で乗降車できる「セルフ乗車」のサービスを２０２３年8月の運行開始とともに始めることを決めた。車両には全扉に乗車・降車別々のＩＣカード用カードリーダーを設置した。

「日本では長い間、信用乗車という言葉が使われてきたが、この言葉の持つニュアンスが（事業者や利用客に）マイナスのイメージを抱かせてきた。これからはセルフ乗車という言葉を使いたい」と中尾常務は話した。

速度アップは先送り

システム化の２番目として中尾常務は速度アップを指摘したが、これはすぐには実現しそうもない。

路面電車の根拠法である軌道法（大正期の制定）では車両の速度は最高時速40㎞に制限されている。しかし、車との併用軌道を前提にしているためか、専用軌道の走行は想定外のようだ。宇都宮ＬＲＴの場合、橋梁を含む専用軌道は路線距離の約35％を占める。これだけの距離の専用軌道を最高時速でも40㎞という、どちらかと言えばゆっくりとしたスピードで走り続けるというのは欧米の次世代型と呼べる路面電車ではあり得ない。「専用軌道区間ではせめて時速50～60㎞程度は出せるようにしてもらいたい」というのが中尾常務の切実な思いである。

宇都宮LRTの所要時間は44分（いくつかの電停を通過する快速運行の場合は37〜38分）。表定速度では時速約20㎞（快速は約24㎞）の計算になる。欧米でも街なかと郊外を結ぶ路面電車1系統当たりの所要時間では40分前後は少なくないだけに、所要時間だけを聞けば、一見気にならないかもしれない。だが、橋梁など専用軌道を時速40㎞程度で走る電車に乗り続けたら、もう少し速く走ってほしいという思いが募るのではないだろうか。速度アップが実現すれば、所要時間ももっと縮まるわけで、「次世代型」を掲げる以上、市民らの信頼を得るためにも早期の対応が必要だろう。

「優先信号」もシステム化には欠かせない

速度に関係するのが、交差点での「優先信号」の整備である。これも欧米で次世代型と呼ばれる路面電車では当然ともいえる措置である。

宇都宮LRTでは今回、試運転開始に先立ち、車との併用区間にある各交差点（計18カ所）には黄色い矢印が表示される電車用の専用信号が栃木県警察本部により整備された。「警察の方々にはかなり協力してもらっている」（中尾常務）ということだが、少し厳しい言い方をすれば、この場合も「次世代型」のシステムを目指す以上は「専用信号」だけでは不十分である。いくらモダンな低床車両が走っても、交差点に着くたびに信号待ちで長く停まり続けたら、イライラ感が増してしまうだろう。

路面電車の走行を優先させるための「優先信号」の運用も早晩議論されるべきものである。路線バスを含め公共交通が交差点に近づくと信号停止や待ち時間を少なくする交通管理システムで、欧米の路面電車ではこのシステムがあるおかげで、速達性・定時性が上がり、乗客もストレスのない利用を享受できる。日本では「公共車両優先システム（PTPS）」という名称で導入する都市はあるが、まだまだ大きな流れにはなっていない。

宇都宮市は2022年8月、宇都宮LRT事業の東側開業時期とともに西側延伸計画を初めて明らかにした。JR宇都宮駅東口の電停から、JR宇都宮線を高架橋でまたぎ、東北新幹線の高架下をくぐり駅西口の大通りで地上に降り、大学や高校など複数の文教施設などがあり多くの通学・通勤利用が見込める栃木県教育会館まで行く約5㎞区間である。延伸にかかる総事業費は東側の整備の平均距離単価をもとに400億円程度と見込んでいる。

駅西側は古くから商業機能が集積し、東武宇都宮駅も付近にあるなど市の中心部であり、まさに都市再生と一体になった路線整備となる。2024年に軌道事業の特許を国に申請、2026年に着工し、2030年代前半の開業を目指すとしている。

宇都宮を代表する観光拠点である大谷《おおや》観光地までは「検討区間」とした。教育会館から大谷方面は車道幅が片側1車線と狭くなるが、観光利用のニーズの高いルートとして、早期の「整備区間」への格上げが求められよう。

一時はいわば政争の具にもなり実現が危ぶまれた宇都宮の路面電車建設。用地買収などの遅れによる2度にわたる開業予定時期の変更や、同事業としてはやや過大ともいえる建設費、さらには試運転開始早々の脱線など課題は残したが、とにかく2023年8月の開業は日本の地域公共交通の歴史にとっても新たな1ページを開く大きな出来事になるのは間違いない。

宇都宮に続く動きはなし？

宇都宮LRTが立派な先導役になることを強く期待したいが、宇都宮に続き、具体的な計画づくりに取り組む都市は今のところ見当たらない。

第2章で述べたように、やはり財政負担が大きな課題としてのしかかるためである。上下分離手法の導入により、整備主体（宇都宮LRTの場合は宇都宮市と芳賀町）と運営主体（同・宇都宮ライトレール株式会社）を分けても、毎年度の運営収支をバランスさせるには一般会計からの一定の赤字補塡は必要になる。さらに、整備費の財政負担も現行の制度では依然重すぎる。路面電車事業の場合、地下鉄建設の10分の1程度で済むといわれるものの、それなりの額である。

宇都宮LRTの場合、整備事業費は最終的に684億円に上る。1km当たり平均単価は約46億円の計算になる。ただ、この平均距離単価は次世代型事業とはいえ高過ぎるというのが関係者の見方である。30億円程度が平均相場といわれるが、宇都宮の場合、幹線鉄道並みに整備した橋梁など立派な立体構造物が事業費を必要以上にかさ上げしたといわれる。

なお、主な事業主体の宇都宮市にとって救いだったのは、同市の一般財源以外の独自の財源があったことである。宇都宮LRTの総事業費684億円のうち半額の342億円は国の補助金（「社会資本整備総合交付金」）。残る342億円のうち、芳賀町の負担分（41億円）を除く301億円が宇都宮市の負担額だが、このうち約4割の約120億円は同市ならではのいわば「隠し玉財源」である。

詳しく言うと、この約１２０億円は路面電車路線の東側沿線地域にある清原工業団地の造成・分譲（事業主体は栃木県と宇都宮市が設立した「宇都宮市街地開発組合」）によって得た企業への土地売却代金（＝分譲益）なのである。

清原工業団地は１９７３年から１９７６年にかけて、県と市でつくる特別地方公共団体「宇都宮市街地開発組合」（１９６０年設立、組合長は県知事で副組合長は宇都宮市長）が造成した県内最大の工業団地（内陸型の工業団地では国内最大規模）。２０１７年1月に最終区画４・６haが自動車部品メーカーに譲渡され完売したことで、県と市は組合を解散するとともに分譲益を路面電車の建設事業に活用することを決めた。

分譲益約１２０億円は県と市が手続き上折半したが、その後、県が自らの分である約60億円を路面電車事業への補助金として市に差し出したため、約１２０億円全額が市の懐に入った。市はそれとは別に県から主な財源調達手段である市債発行に対する支援として68億円の補助金（芳賀町への県補助金は15億円）を受けたので、市が実際に路面電車事業に持ち出す自らの負担額は１１３億円にとどまる。

ちなみに、68億円のうち20億円は市債を充当できない事業費への支援金として、残る

48億円は市債の元金償還（償還期間は20年間）の一部に充てる。この県の支援金や地方交付税措置によって、市債発行に伴い市が毎年度支払う償還額は最大で約13億円で済むとしている。

30年来の悲願が実を結ぶ

宇都宮市の路面電車事業のそもそもの出発点は今からちょうど30年前の1993年までさかのぼる。農水事務次官から転身した地元出身の渡辺文雄知事（当時）が新春の記者会見で、朝夕、従業員の車通勤で深刻化していた清原工業団地周辺の慢性的な道路渋滞緩和を図るため、清原地区とJR宇都宮駅を結ぶ新交通システム導入の本格的な調査に乗り出す意向を表明したのが始まりだった。この時期から分譲益を蓄えた基金を現在につながる路面電車建設事業に活用しようという考えが県などにあった。

事業費規模は宇都宮市よりは小さいが、富山市が慢性的な赤字路線だった旧JR富山港線を路面電車化した際も事業費（58億円）の半額以上を、当時実施中だった富山駅の連続立体交差事業の補償金で賄えたことが大きな後押しになった。

こうした「隠し玉的な財源」がないと、自治体が路面電車事業に取り組もうと考えていても、まずは整備費の財政負担を前に尻込みしてしまいがちになる。第2章で述べたフランスの交通税などのように運営費も含めた持続的な財政支援となる独自の税財源制度が国レベルで求められているのは、そうした事情からなのである。

福井県、これ以上の上下分離の継続に危機感

最近、懸念されるのは、独自の上下分離手法で路面電車を含めた地域の鉄軌道を整備・維持してきた自治体がどこまで自らの財政負担で持ちこたえられるか、である。

例えば福井県。同県は県内を走る郊外型路面電車の福井鉄道、京福電気鉄道の県内事業を引き継いだ第三セクターのえちぜん鉄道の地域鉄道2社のインフラ部分を支え続ける、「上下分離」の優等生である。だが、北陸新幹線が2024年春に福井県敦賀市まで延伸開業するのに伴い、並行在来線となるJR北陸本線（大聖寺〜敦賀間約84㎞）の運行も新たな地域鉄道（第三セクター鉄道の「ハピラインふくい」）として抱えることになり、地域自らの負担だけによる上下分離手法の存続に危機感を強めている。杉本達治知事は2022年8月と10月の定例記者会見で「えちぜん鉄道と福井鉄道にこれまで20年、15年ぐらいで総額220億円を負担しているが、（福井のように頑張っているところでも）もう

限界に来ている」と発言した。

少し長くなるが、同県のこれまでの取り組みを振り返ってみたい。

同県にとって最初の上下分離手法の導入は、2002年に事業廃止になった地方民鉄の京福電気鉄道を救済したことだった。2度の列車衝突事故をきっかけにした国の運行停止命令を受けて、2001年に事業廃止届けを出した京福電鉄の後継会社として、翌年すぐに第三セクター会社のえちぜん鉄道を沿線市町村や地元民間企業とともに設立。京福電鉄の3路線のうち、「勝山永平寺線」（旧「越前本線」、福井〜勝山27・8km）と「三国芦原線」（福井〜三国港25・2km）の運行を引き継ぎ、2003年10月には全線開業させた。

その時に県が主導した公的支援のスキームはこうである。運行主体となる三セク会社を設立するとともに、運転再開に必要な工事費など初期投資、さらには開業後10年間の設備投資額を県が全額負担（国庫補助除く）。一方、運営費（運行欠損）への補助では沿線自治体の福井市、勝山市、三国町（当時。現・坂井市）など2市6町1村が負担。沿線市町村はこのほか、会社の資本金5億円のうち3・8億円を出資（残りは民間企業が出資）する。

公的支援額の総額（国負担分を含む）は最初の10年間（2002〜2011年度）だけで約

112億円で、このうち県の負担額は約68億円と6割強を占めた（沿線市町村の負担額は総額で約28億円）。

当時、県議会ではバス転換を主張する意見が大勢で、沿線市町村でも意見が割れていた。終点駅を抱える勝山市や三国町など5市町村は存続に前向きだったが、福井市など4市町は「財政負担してまでも存続させる必要があるのか」という消極的なスタンスだった。そうした経緯はあったものの、当時の西川一誠県知事の決断の下、京福電鉄の事業廃止届けから3カ月後の2002年1月に県と沿線市町村が「三セクの運行会社設立、上下分離による存続」で合意にこぎ着けたのである。

その背景にあったのは、京福電鉄の事業廃止届け提出（2001年10月）前に起きた2度目の越前本線の列車衝突事故（同年6月）後の列車運行停止に伴い実施されたバス代行輸送だった。この時に「車両を2、3台連ねて運行しても通勤、通学者を取りこぼしたり、マイカー利用に変える人が増え道路渋滞の激化を招いたりするなど社会的不便を問題視する声が住民の間に高まった」（福井県総合交通課＝当時）ことが、「一定程度の輸送需要がある鉄道路線ではバス代替はかえって混乱を招き、解決にはならない」との判断をする決め手になった。

最初の10年間の支援に続き、2012~2021年度の次の10年間にも県と沿線自治体は設備投資や線路・電路の維持修繕、固定資産税の減免など総額計48億円を支出した（国負担分を含めた総事業費は63億円）。支援期間中にはこのほかに、3カ所の新駅設置や駅舎改修などサービスの利便性を高める事業も行われた。このえちぜん鉄道への取り組みがなければ、利用客数の増加など福井県におけるその後の地域鉄道の発展は間違いなくなかったと言えるだろう。

郊外型路面電車を運行する福井鉄道の再生に向けた支援も早かった。同社が2007年9月に「自主的な再建困難」との判断から沿線3市（福井市、鯖江市、越前市）と県に維持存続に向けた協議の場を要望した際にも2カ月後の同年11月には県が中心になり協議会を立ち上げ、翌年2月には沿線市町村が鉄道用地を保有（福井鉄道から有償譲渡された後、無償貸し付け）するタイプの上下分離手法の導入を決めた。

福井鉄道からの鉄道用地取得費と、車両など設備更新・維持修繕を合わせた当初10年間（2008~2017年度）の県・沿線市町の負担額は約64億円に上る（国負担分を含む総事業費は約94億円）が、このうち7割強に当たる45億円（3市が負担すべき鉄道用地取得費12億円のうち8億円を含む）を県が負担している（2018年度から2022年度までの第2期支援額は国負担分を含めた総額で約30億円、うち県は約14億円、沿線市町は約8億円）。

さらに、福井県の福井鉄道への支援で見逃せないのは沿線に3つの新駅を設置、マイカーから鉄道への乗り換えを促すパーク&ライド用駐車場を増設したことである。また、えちぜん鉄道（三国芦原線）と接続する田原町駅で両鉄道の線路をつなげ、互いの超低床車両による直通運転ができるようにした。

こうした福井県の一連の上下分離の取り組みが寄与し、えちぜん鉄道と福井鉄道の2社ともに運営は現在順調に推移している。だが、北陸新幹線の延伸開業に伴い、並行在来線となるJR北陸本線の大聖寺（石川県加賀市）〜敦賀（福井県敦賀市）区間約84㎞の運行をJR西日本から引き継ぐため、新たに第三セクターの鉄道会社（「ハピラインふくい」）を沿線自治体や地元民間企業とともに設立した。今後はハピラインへの支援も追加される。

県の試算では2024年度から2034年度までの11年間に約70億円の赤字が見込まれ、県と沿線自治体（福井市、敦賀市、鯖江市、あわら市、越前市、坂井市、南越前町の6市1町）の年間総支援額は約6・4億円（県と市町が折半負担）になる。えちぜん鉄道（同4・8億円）、福井鉄道（同4・3億円）よりも多い。

杉本知事は定例会見でこのようにも言っている。

「同じ公共交通の中でもバスについては車両購入に2分に1の補助が出るほか、運営費の赤字を市町村が支えると、国が8割を補塡してくれる制度があるのに比べて、鉄道の場合は三セク鉄道では車両購入の補助率は3分の1と小さく、何よりも運営についての補助がない。やはり公共交通として維持することが大事で、鉄路だけがあっても意味がない」（2022年10月14日）

「もう限界にきているわけで、やはり日々の交通を守るということから言うと、運営費に対する（国の）支援もぜひとも検討してもらいたい」（同年8月4日）

上下分離支える税財源制度を

上下分離手法はもちろん、万能薬ではない。整備費だけでなく運営費をも支える公共交通向けの独自の税財源制度とセットで考えないと持続可能なものにはならないだろう。

鉄道はバスよりも贅沢な乗り物だから、その運営費は地方交付税を含め税金投入の対象にはなじまないのか。地方民鉄を対象とする国の運行欠損補助制度は1997年度を最後に廃止されたが、改めて問われているのは、鉄道かバスかという色分けではなく、公共交通という枠組みからその運営費を支援することではないだろうか。

滋賀県は県内を走る地方民鉄の近江鉄道など公共交通を支えるため、広く県民に負担を求める交通税の導入を検討しているが、国全体の税財源制度の創設も早晩、避けられないだろう。このまま国が手をこまねいていれば、宇都宮に続き路面電車が新規に導入される可能性の芽を摘むどころか、既に自らの手で頑張ってきた地域鉄道の存続まで危うくしかねない。

第4章　ＣＡＳＥ革命時代のクルマの役割

徳大寺氏の予言

自動車評論家として名を馳せた故・徳大寺有恒氏の昔の文章を最近、目にする機会があった。今から30年前に出された旧フィアット社の歴史に関する翻訳本（『フィアット――イタリアの奇蹟に挑んだ企業』早川書房、１９９３年刊）の巻末に解説文として寄せたものだが、今更ながら、自動車の未来に対する同氏の洞察力の深さに驚かされた。

以下、いくつか印象に残った箇所を引用したい。

「自動車産業界はいま、経済的問題だけでなく、社会的な問題にも直面しています。それは、エコロジーと省エネと安全という問題です。……将来的には、やっぱり電気自動車にむかうことになるでしょう」

早くも、現在の電気自動車（ＥＶ）の到来を予言していたが、唸らされたのは次の箇所である。

「そして最後は、自動車はいつまで個人所有でいられるだろうか。個人所有でなくなるときは、もう自動車が自動車でなくなるときですね。別の乗り物、別の呼び名で僕は呼んでもらいたい。……個人所有でなくなるということは、車のヒエラルキー、あるいは差異っていうものが重要でなくなる。車の差異が重要でなくなれば、商品としての魅力を完全に失う。これは、自動車産業ではなくなるときですね。あるいは、電力会社の電気みたいになるかもしれない」

ハイブリッドを認める日本はガラパゴス？

脱ガソリン車としてのＥＶを求める動きが急速に強まっている。地球温暖化に歯止めをかけるには、二酸化炭素（CO_2）など温室効果ガスの削減が欠かせないとの考えから、ガソリン車からＥＶへの移行を急ごうとする機運が２０２０年以降、世界の国・自治体レベルで広がっている。ＥＶ化を基本方針とするＥＵは２０３５年にガソリン車など内燃機関車の新車販売に関し、CO_2と水素を合成して作る液体燃料（ｅ－Ｆｕｅｌ＝イーフューエル＝）を使用する新車しか認めない規制をかける。

こうした流れに乗り遅れまいと、日本政府も重い腰を上げ始めた。２０２０年12月25

日、２０５０年の温室効果ガス排出量の実質ゼロ実現に向けた「２０５０年カーボンニュートラルに伴うグリーン成長戦略」を発表した。その中で自動車を計14ある重点分野の一つに位置付けたうえで、２０３０年代半ばまでに軽自動車を含めた乗用車の新車販売でEVなど「電動車」を１００％にする方針を打ち出した。日本のCO_2排出量のうち、軽自動車を含む自動車全体が占める割合は16％に及ぶだけに、自動車の脱炭素化は欠かせないとの判断からである。

ただ、ここで注意したいのは「電動車」という言葉である。電動車の対象にはEVやPHV（プラグインハイブリッド車）、FCV（燃料電池車）のほか、ガソリンエンジンとモーターを併用するハイブリッド車（HV）も含めている。HVは走行中にCO_2を出さないEVに比べ、環境性能で劣る。しかし、トヨタ自動車などがHV技術で世界をリードしてきた経緯もあり、「日本ではHVがエコカーの主流で、電動車として認めることは現時点では現実的な選択」（政府によるグリーン成長戦略発表翌日の12月26日付け読売新聞朝刊総合面）とみる向きがある一方で、「長期的には世界標準から外れて『ガラパゴス化』するとの懸念もある」（同）。

日本版電動車のガラパゴス化の恐れを指摘する声はほかにもある。毎日新聞はグリーン成長戦略発表前の12月4日付け朝刊総合面に「『脱ガソリン』政府号令『脱HV』の土俵乗らず」の見出しを付けた解説記事を掲載した。

日本はHVとEVを電動車の両輪として位置づけ、HVを販売禁止対象にしなかったが、その「背景にあるのが、国内産業に影響力の大きいトヨタ自動車の存在だ」と指摘。トヨタは「電動車の主軸としてHVを位置付けて成長してきた経緯があり、経産省幹部は『EVの普及のみを推進するのはHVの技術がない国がやる手法だ。トヨタに席巻されたHV市場をEVで包囲して潰そうとしているのが実態』と強調している」と報じる一方で、「世界的にHV規制が進むことで海外に売れない車を作ることになりかねない」としたうえで、「『気付いたら日本だけがHVを推すような『ガラパゴス状態』にならないよう気をつけなければいけない』という環境省幹部の発言を引用している。

トヨタもEVシフト強める

これに対し、トヨタ自動車の豊田章男社長（当時）は当初、「EVへの拙速な移行」に懸念を示していた。同氏が会長を務める日本自動車工業会が2020年12月17日にオンライン方式で開催した記者懇談会で、豊田氏は政府によるグリーン成長戦略の発表前に

「脱ガソリン車」に関する各種メディアの報道が出たことについて、「ガソリン車さえなくせばいいのだ、といった（短絡的な）報道がなされている」「日本は電動化に遅れているとか異様な書かれ方をされているが、実際は違う」など、参加した記者たちに苦言を呈した。

ただ、トヨタもその後、ＥＶ化の世界的な流れを押しとどめることはできないとみたのか、微妙にスタンスを変え始めている。

２０２１年12月中旬に行われたトヨタ自動車のＥＶ説明会。ここで、トヨタはＥＶの世界販売台数を２０３０年に３５０万台とする目標を発表した。ＦＣＶと合わせ２００万台だった従来計画から、ＥＶだけで１５０万台と大幅に上積みした。３５０万台は同社の年間販売台数（約９５０万台）の37％に相当し、「とてつもない数」と豊田章男社長自らが強調した。

具体的にはいわばフルラインアップ戦略として、２０３０年までに乗用車から商用車まで計30種類の車両をＥＶ化。高級車「レクサス」については２０３５年までには世界でＥＶ化率を１００％にする。バッテリー（電池）を含めたＥＶへの投資額を４兆円とすることも明らかにした。２０２２年には新型ＥＶシリーズ第１弾となるＳＵＶ（スポーツ用多目的車）「bZ4X（ビーズィーフォーエックス）」を発売した。これまで、トヨタはHVの開発に力を入れてきたことから、EVに消極的なのではないかとみる向きもあった。環境NGOのグリーンピースは、説明会開催前の2021年11月に世界の自動車メーカー10社を対象にした「脱炭素化ランキング」で、トヨタを最下位に位置付けた（2022年もトヨタは最下位にランクされた）。

国・地域によってエネルギー事情は異なり、EV一辺倒ではかえって国や地域によって異なるニーズに対応できない、というのがこれまでのトヨタの基本的なスタンスだった。だが、豊田社長が「EVへの拙速な移行」を問題視した2020年末以降もガソリン車からEV化に向けた動きが欧米などで予想以上に加速していることが影響したとみられる。

メーカーではメルセデス・ベンツのほかスウェーデンのボルボ・カーが2030年までにEV専業ブランドに転換する方針を表明。米ゼネラル・モーターズは2035年までにガソリン車全廃の方針を打ち出した。

独フォルクスワーゲン傘下のアウディも2026年以降に投入する新型車をすべてEV化。販売台数で世界第4位のステランティスは14あるブランドのうち、まずは独自のエンジン開発にこだわってきたアルファロメオを2027年にEV専業に切り替えると発表した。国内メーカーでもホンダが2040年に世界で販売するすべての新車をEVとFCVにする目標を打ち出した。

トヨタにとってとりわけ無視できなかったのは、欧米を中心とする各国によるガソリン車やHVへの規制強化だろう。EUだけでなく、米国のバイデン政権も2021年8月、2030年に新車販売の50%をEVなどの「ZEV」とする目標を掲げた。

世界的にEVシフトが強まる中、「トヨタ＝EVに慎重」というイメージを持たれては企業にとって得策ではないとの考えが強まったとみてよいだろう。説明会の席上、豊田社長は「350万台、30車種でも前向きでないというのであれば、どうすれば前向きと評価いただけるのか、逆に教えていただきたい」とまで言い切ったのである。

ただ、EV化路線を強めたとはいえ、トヨタの悩みは変わらない。豊田社長は説明会開催前に発売された総合月刊誌「文藝春秋」2022年1月号に掲載されたインタビューでも、「トヨタは基本的にEV導入には賛成」と発言する一方で、「脱炭素の手段をEVに絞るのではなく、他の選択肢も用意すべき」との基本的な主張は変えていない。自らの力では解決できない電力源調達の問題が横たわっているからである。

ＥＶで使用する蓄電池の生産には多大な電力が必要である。日本などの場合、その電力の多くが火力発電由来のため、生産時にかなりの量のCO_2を排出する。「国内の全乗用車をＥＶ化した場合の必要な電力量を試算したところ、電力ピーク時での発電能力でもまかなえず、原子力発電なら十基、火力発電なら二十基の増設が必要」と語っている。

豊田社長だけでなく、以前から安易なＥＶ化の流れには専門家の間でも批判的な意見が上がっていたのも事実である。「ライフ・サイクル・アセスメント（ＬＣＡ。素材、製造、使用、廃棄のすべての段階を含む）の考えでは、ＥＶはＨＶよりもCO_2が多く排出される」という意見である。ＬＣＡではバッテリー製造時の環境負荷は小さくなく、リチウムイオンバッテリーは素材と製造の段階でCO_2の排出が少なくないためである。

自動車ジャーナリストの清水和夫氏は「大容量バッテリーは使用期間約12年で交換すると、CO_2が一気に増加する。つまり、テスラや欧州ブランドのＢＥＶ（バッテリーＥＶ）は大容量バッテリーを搭載するので、決して環境に優しいとはいえない。現在のＢＥＶは、規制上のインセンティブと付加価値で売れているのだ」と手厳しい（自動車専門誌「ＣＧ」２０２１年3月号）。

ソニーも参入

そうとはいえ、EV化の流れが止まらない。2022年の年明けの動きで世間の耳目を引いたのは、ソニーグループによるEV参入検討のニュースだろう。米ラスベガスで開催されたテクノロジー見本市「CES」で、同社の吉田憲一郎会長兼社長（当時）が会見し、EV事業を担う新会社「ソニーモビリティ」を設立し、EV市場への参入を本格的に検討すると発表したのである（その後、ソニーグループはホンダと共同でEV事業を展開する新会社「ソニー・ホンダモビリティ」を折半出資で設立した）。

同社が得意とする画像センサーや5Gの技術、映像・音響技術、映画や音楽などのコンテンツのノウハウをフル動員し、「クルマの価値を移動の道具からエンターテインメントを楽しむ空間に変える」と大胆なビジョンを掲げ、「モビリティを再定義する」とまで息巻いた。

アップルもEVへの参入をささやかれている。アップルに関しては2020年12月のロイター通信の報道以来、同社がEV市場に参入するとの観測報道が流れている。

ここにきて、異業種によるEV開発の機運が高まっているのは、脱炭素の切り札として注目されていることに加え、自動運転の普及への期待感の高まりで、「車がデジタル技術で勝負する時代になってきたことがある」（2022年1月6日付け朝日新聞朝刊）。EVはガソリン車と違いエンジンを使わないため、部品点数が少なくて済み、参入障壁が下がったことも背景にあるといわれる。EVには今後、モーターや電池、半導体など異業種の複数メーカーが車台を提供するサプライヤーの協力を得ながら組み立てる風景が珍しくなくなるかもしれない。

ガソリン自動車の誕生以来の大変革

温室効果ガスの削減と絡んでHVの扱いが今後どうなるかは別として、確かなことは、自動車の電動化の動きが今後世界的に進むことはあっても、後退することはなさそうだということである。より正確に言えば、電動化をその一つとする「CASE革命」と呼ばれる自動車のデジタル化を促す動きが世界的に大きな潮流になりつつあるからである。

CASEは「C=Connected（コネクティッド＝ネットワークに常時接続したつながるクルマ）」「A=Autonomous（自動運転）」「S=Shared & Service（シェアリング・サービス）」「E=Electric（電動化）」の頭文字を取った造語である。メルセデス・ベンツが2016年に自らが進む企業戦略を示す言葉として発表したが、あっという間に自動車業界の関係者だけでなく、メディアにまで浸透するようになった。

自動車産業の動向をウオッチし続けるベテラン証券アナリストの中西孝樹氏は『自動車 新常態《ニューノーマル》』の中で、このCASEというトレンドによって、「自動車産業は100年に一度の大きな変革に直面している」と強調している。

さらに、中西氏はこのクルマのデジタル化の動きはコロナ後も部品メーカーや自動車ディーラーを含むすそ野の広い自動車関連業界を巻き込む形で加速すると指摘。そのプロセスの中で「クルマの価値は、ハードウェアからソフトウェアへと急速に移行することになる」（同書）と予測している。

自動車の歴史を紐解けば、100年に一度の大変革と呼ばれる「CASE」より前にあった大変革は、文字通り近代自動車史の始まりを告げるガソリン自動車の誕生であろう。近代的なガソリン自動車の誕生は1886年とされる。ドイツのカール・ベンツとゴットリープ・ダイムラーが別々に世界で初めて本格的なガソリン車を完成させた年である（折口透『自動車の世紀』によると、ベンツが3輪自動車を完成させたのはダイムラーの4輪自動車完成より1年早い1885年秋だったが、本国ドイツではベンツが特許を申請したのが1886年

1月だったことから、「両人に花を持たせる」ため、1886年を自動車誕生の年にしたという)。

そのメルセデス・ベンツが2021年7月、2030年までにガソリン車を全廃し、EV専業メーカーになると宣言した。車の形は残すとはいうものの、自ら発明した長い歴史を持つガソリン車自体を葬ろうとするわけだから、今回のEV化をめぐる動きは生半可なものではないことがうかがえる。

EVが社会に浸透するには当然のように乗り越えるべき課題が多い。急速充電施設など関連インフラの整備や、1回の充電で走れる航続距離を延ばすための高性能電池の開発、さらにはガソリン車と比べ100万円以上は高い車両価格を実質的に引き下げるための公的な購入補助を充実強化することなどである。とりわけ日本の場合、充電インフラの整備が遅れており、EV普及の道のりは平坦ではない。

クルマの動力源が内燃エンジンからバッテリーモーターに切り替わり、クルマ自体がモノというよりはソフト化すれば、徳大寺氏が予言したようにいずれ、クルマは個々人が愛車として所有する存在ではなくなってしまうのだろうか。

その時、これまで自動車が主要な移動手段としての役割を担ってきた交通社会はどんな形になっていくのか。現在でも「若者のクルマ離れ」が指摘されているが、マイカーという言葉自体が形骸化し、国民一人当たりの乗用車の所有台数は減っていくのか。それに伴い、鉄軌道や路線バスなど地域の公共交通はどう推移していくのか、さらにはクルマの空間である車道が縮まり、その分、歩行者・自転車のための空間が今よりは広がっていくのだろうか……。進みつつあるクルマの変貌を前に、交通社会全体としての展望も今からしっかりと描いておくことが必要だろう。

高速道の渋滞時での自動運転にお墨付き

ＣＡＳＥの２番目の文字「Ａ」の自動運転をめぐる動きもこのところ、各メディアに頻繁に登場するようになった。

自動運転には５段階のレベルがあるが、これは、米国の標準化団体である米国自動車技術者協会（ＳＡＥ）が定める５段階のレベルの定義を米運輸省道路交通安全局（ＮＨＴＳＡ）が２０１６年に採用した結果、日本を含む世界のデファクトスタンダードになったからだという（中西孝樹『ＣＡＳＥ革命』）。

その意味内容は次のようなものである。レベル１は「初歩的な運転支援」で、基本的にはドライバーが運転するが、システムが加減速（前後方向）かハンドル操作（左右方向）

のいずれかを支援できること。レベル2は「部分的な自動運転」と呼ばれ、基本的にはドライバーが運転するが、システムが前後方向と左右方向の両方の操作を支援するもので、高速道路などで手放し運転ができるとはいえ、ドライバーが運転に責任を負う。

これに対し、レベル3になると文字通りの自動運転に近づいてくる。レベル3は「条件付き自動運転」と呼ばれ、高速道路での渋滞など特定の条件下ではシステムが前後、左右ともにドライバーに代わり操作し、それ以外の場合はドライバーが操作する。

ホンダはこのレベル3の機能を搭載した新型高級車（「レジェンド」）を発売（2021年3月5日）している。具体的には高速道路で渋滞に伴い時速30㎞以下で走行している時にシステムが作動し、アクセルやブレーキなどの自動運転に切り替わる。時速50㎞までは運転者はハンドルから手を離し、前方から視線をそらしスマートフォンなどを見たりすることができる（その後、ホンダは2020年代後半までに高速道路の法定速度＝日本国内では時速120㎞＝まで利用できる技術の実用化を目指すと発表した）。

日本ではレベル3の自動運転実現を目指し、2020年4月の改正道路交通法などの施行で世界に先駆けてレベル3の車が公道を走るルールをつくり、ホンダは同年11月に国土交通省からレベル3対応車として世界で初めて認定を受けたのである。

ホンダだけでなく、スウェーデンのボルボ・カーなどでもレベル４を目指している。レベル４は「高度自動運転」と呼ばれ、走行できるエリアや時間帯など条件は限定されるが、その範囲内ならばシステムが運転操作のすべてを実施、ドライバーの監視も不要になる。事故の責任もシステムに帰属する。

レベル５は「完全自動運転」で、どんな条件下でもシステムが運転操作のすべてを実施。緊急時などシステム対応の継続が困難な場合でもドライバーの対応が不要になり、事故の責任もシステムに帰属する。

小さな町で小型自動運転バスが定常運行

レベル４を目指す動きが国内の公共交通の世界でも広がり出している。

その中で話題になっているのが茨城県境町である。茨城県南西部に位置する人口約２万４０００人の小さな町で、２０２０年11月末からソフトバンクの子会社、ＢＯＬＤＬＹ（ボードリー、東京・港区）と共同で、国内自治体では初となる公道での自動運転バスの定常運行が行われている。

なぜ、こんな小さな町で自動運転のバスが走っているのか。本当に安全に走っているのか。地元住民だけでなく誰もが乗れるということなので、2021年1月末、朝早く現地に出かけた。

最初の運行区間は利根川河畔にある町の観光拠点と、多目的ホールなどを備えた公共施設を結ぶ片道2・5㎞（その後、2021年2月にルート上に銀行前、郵便局前、医療センター前など6カ所のバス停を追加設置、同年8月には一方の起終点を観光拠点から道の駅まで延伸するとともに第2期ルートを追加）。車両はフランスのNAVYA社製の自動運転による小型電気バス（車両名は「NAVYA ARMA（ナビヤ アルマ）」）が土日祝日を含め、毎日午前7時40分から午後4時台まで走っている。

車両は、町が5年間のリースで約5億2000万円を投じ、計3台を導入した。ボードリーが実際の運行管理一切を請け負っている。運賃は無料である。

境町には東武動物公園駅（埼玉県宮代町）やJR古河駅（茨城県古河市）と結ぶ広域路線バスは走っているが、鉄道駅はない。江戸時代には利根川随一の河岸の町として栄えていたというが、現在はいわゆる公共交通過疎地といったところである。多くの自治体で見かける地域内を巡るコミュニティバスもない。

当初の運行は1日計8便（往復4便。その後、運行ルートの追加に伴い計18便）。車両は全地

境町で毎日運行されている自動運転バス

球測位システム（GPS）とセンサーなどで位置を確認、障害物を感知して走る。自動運転レベルは、前後方向と左右方向の両方の操作が自動で行われる「レベル2」である。乗客定員は9人で、このほかにボードリーからオペレーターが乗り込んでいる。

実際に乗って感じたのは、まず思った以上に乗り心地は良いということである。町はこの自動運転バスを「横に動くエレベーター」に例えるが、時速18㎞でゆっくり、滑らかに進む。走行中、ほとんどシステムが運行する自動運転で、手動運転をしたのは、後続する車に道を譲るため道路沿いにあるコンビニエンスストアの敷地内にいったん車を寄せる時だけ。オペレーターがゲーム機のようなコントローラーを操作し手動運転に切り替えた。

この時にオペレーター役を務めていたボードリーの佐治友基社長は「ゆっくりと走るだけに、時に道路渋滞を招くなど色々と問題は出てくるが、地元の住民や沿道の店舗などの理解があるから、運行に大きな支障はない。自動運転には住民らの理解が欠かせない」とした上で、「自動運転バスは日本では始まったばかりで、具体的な運行方法はこれから。うちが先例をつくっていきたい」と強い意欲を示していた。

境町のスタンスも明確である。鉄道駅がない中、住民の高齢化に対応するために公共交通としてのバスの充実強化が必要との考えは他の多くの自治体と変わらないが、自動運転バスに将来の町の公共交通を託し、路線網を広げる考えである。バス運転手も高齢化する一方で、運転手予備軍であるはずの若者も運転に必要な大型2種免許を取得する人が少なくなっており、今後はバスの運転手が増えることは期待できない、というのが自動運転バスを推進する大きな理由になっている。

ボードリーは地方都市のほか、大都市での小型自動運転バスの本格導入を目指している。2021年3月、2022年2月とそれぞれ約1週間の日程で、東京・丸の内仲通りでも運行をしている。一般社団法人大手町・丸の内・有楽町地区まちづくり協議会（「大丸有協議会」）との共同事業で、大丸有地区におけるスマートシティ・プロジェクトの一つとして実証実験が行われている。

使われた車両は境町と同じナビヤ社製の9人乗り小型電気バス。ここもオペレーターが乗客とは別に乗り込んでいる。私は2カ年とも乗車したが、仲通りは午前11時から午後3時（土日祝日は午後5時）まで道路交通法に基づく歩行者用道路として、車両の通行が禁止されている。最初の年（2021年）の実験期間中、そのいわゆる歩行者天国の時間帯に丸の内ビル・丸の内パークビル間の350ｍを平日は往復各5便、土日は同8便走らせた。時速は6㎞と境町よりも低スピード。実験日の初日に試乗した観光関連の企業に勤める48歳の女性は下車後、「思った以上に滑らかに走った。自動運転と言っても、オペレーターらがいたので、安心できた」と話していたのが印象に残った。やはりオペレーターのいない無人自動運転は怖いという心理が働くのだろうか。

2回目の実験となった2022年は運行ルートを時間制限型の歩行者専用区間（計630ｍ）すべてに広げるとともに、その間にある信号機付き交差点も通した。安全のため、前年と同様、車両に万一の時のための操作を行うスタッフも乗り込んだ。私の乗った便でたまたまか、走行中に突然、歩行者が車両の前を横切り、スタッフがとっさのボタン操作で停車し、難を逃れた。

交差点での停車・発進も警察側の指導なのか、安全を重視し、カメラやセンサーは活用せず、最初から車両に組み込まれた機械で操作していた。一般道での自動運転はそう簡単ではない。

大型の路線バスでも実験始まる

大型の路線バスにも自動運転車の実験が行われている。西武バスが自動運転の社会実装を目指した研究開発に取り組む群馬大学、同大発ベンチャーの日本モビリティ（群馬県前橋市）と共同で、2021年2月下旬から3月初旬までの計7日間、埼玉県飯能市の郊外住宅地で運行した。大型の路線バス車両を使った自動運転の実験は国内で初めてということなので、こちらも試乗しに現地を訪れた。

運行したのは、通常の路線バスが走っている西武鉄道飯能駅南口と美杉台ニュータウンを結ぶ路線（片道2・5㎞）。途中のバス停（6カ所）にも乗降客がいなくても停車した。実験ルートとしてこの路線を選んだのは、バス営業所が終点（美杉台ニュータウン）に近いうえに直線が多く、歩車分離が徹底されているためだという。

境町などと同じく、自動運転レベルは「部分運転自動化」と呼ばれる「レベル２」。使われた車両は通常の路線バス車両だが、車体の各所に取り付けられたレーザーセンサーや全方位カメラ、ＧＰＳ受信機などで周囲を検知しながら、通常よりも遅い時速20～30㎞程度のスピードで走った。

運転手はいたものの、運行中はほぼハンドルから手を離したままで、システムが操作したが、交差点などでは運転手による手動運転に切り替わった。通常運転では所要時間は8分であるのに対し、乗車した自動運転のバスでは倍の16分かかったものの、終始スムーズな運転だった。

西武バスも将来の乗務員不足対策としてレベル４の実現を目指しており、今後、実験を繰り返し、沿線住民の理解を得ていくという。

レベル４は果たして実現するのだろうか。中西孝樹氏は著書『ＣＡＳＥ革命』の中で次のように言っている。

「ＡＩと高度なシステムが関与する自動運転技術は、ヒューマンエラーが起こしてきた事故を削減することは間違いないだろう。

ところが今度は、従来は起こっていなかったシステムが主導権を持つことで生じる事故が生まれるリスクを考えなければならない。……システムが関与したために起こる事故がどのようなものか、どの頻度で起こるのか、我々はまだ知らないのである。機械が人を死に至らしめることへ社会の許容力がどれほどあるのか、その合意はできていない」

「絶対に安全で事故を起こさないレベル4のクルマを作ることは現段階の技術では非常に困難だ」というのが同氏の基本的な認識である。システム自体が起こすエラーもあり得る。それに社会が安全性の定義や倫理、賠償責任など広範囲な問題にどう対応していくかに、レベル4の行方がかかっているといえる。

トヨタ自動車は2021年2月、静岡県裾野市にある旧トヨタ自動車東日本・東富士工場跡地で東京ドーム約15個分の規模の実験都市「ウーブン・シティ」の建設に着手した。自動運転などの社会実装を目指した「未完成の」スマートシティである。

トヨタが開発する自動運転の大型電気自動車「eパレット」などが走る自動運転専用道路、歩行者専用道路、歩行者とパーソナルモビリティ共存道路の3つの道を網の目のように整備。当初、360人程度が住み、将来は2000人以上の住民が暮らす街をつくるという。自動運転を普及させるには、自動運転の車が走行する道や街から創出しなければならないという問題意識がある。トヨタの実験都市の試みもまさに社会受容性の醸成を目指すものである。

近年、地下鉄などで無人運転の鉄軌道システムが世界的に増えている。日本では東京都の臨海地域を走る新交通システムの「ゆりかもめ」が知られている。ただ、バスを含めクルマが走る道路空間にそれと同じ程度の安全性を担保できるだろうか。車道に接する形で歩道があり、場合によっては自転車も車道内を走り、安全面のリスクは相当高い。

公共交通を含め、自動運転車の時代が将来、本当に訪れるのか。それには技術だけでなく、受け入れる側の安全やリスクに関する考え方も変わらなければならないわけだが、果たしてそれは可能なのか。運転手の人手不足が深刻化し、自動運転車の実用化の是非が現実の問題になった時には、そのことが問われてくるのは間違いない。問題は、その時までに我々がそれに対し明確に答える用意ができているかどうかである。

19世紀半ばから20世紀初めにかけて活躍したフランスの作家、エミール・ゾラ（1840〜1902年）は、ジャーナリスト出身で社会派の文豪と呼ばれ、社会事象を積極的に作品に取り上げたことでも知られる。このゾラは19世紀末、当時まだ危険視されていた自動車に初めて乗った後、感想を求められてこう答えた。「未来は自動車のものだ――それは人間を解放するからだ」。さらに、アンチ自動車の立場をとる質問者がその危険を指摘すると、こう言ったという。「それならブレーキを改良すればよいでしょう」（折口透『自動車の世紀』）。その後の歴史を見れば、ゾラの「予言」は正しかった。

最近、このゾラの言葉を思い出すことが多くなった。ゾラが今生きていたら、自動運転にどう反応するのだろうか。「いずれ将来、まちを走る地域交通手段として定着する」と言い切るのだろうか、と。

「レベル4」可能にする改正道交法が成立

2022年の通常国会で、この自動運転の高度実用化を目指す改正道路交通法が成立した。第5章で触れる電動キックボードなど新たな電動モビリティの交通ルールに関する規定とともに、限られた区間など特定の条件下で緊急時も含めてシステムが車を操作する「レベル4」の公道走行に関する許可制度が盛り込まれた。このレベル4での公道走行は先行する形で2023年4月に施行された。

レベル4を可能とする法律は既にドイツが2021年に制定・施行（改正連邦道路交通

法）しており、日本の動きはそれに次ぐものとされている（ちなみに、米国や中国では法律はないが、一部地域でレベル4のタクシー運行が始まっている）。

従来の道交法は渋滞時の高速道路などでシステムがドライバーに代わり操作、緊急時にはドライバーが責任を持って運転する「レベル3」まで認めていた。これに対し、改正法はレベル4に相当するドライバーがいない状態での自動運転を「特定自動運行」と定義し、ドライバーがいる「運転」と区別。このレベル4の自動運転について、都道府県公安委員会の許可制とした。地域でレベル4の移動サービスを始めたい事業者はこの事前許可が必要になる。

さらに、無人運行を支えるための遠隔監視の体制づくりも規定した。サービスの事業者には遠隔監視の役割を担う「特定自動運行主任者」の配置を義務付け、同主任者は事故時の通報などが課せられる。これまでの道交法は車の運転に関してはドライバーの存在をそもそもの前提にしてきたが、今回の改正法はその枠組みを超えている。ある意味で新法に近い内容と言えるかもしれない。

ただ、今回の改正法での許可制度は、人口減少や将来の運転手の不足で従来型の公共交通サービスの存立が危ぶまれる過疎地などでの実現を想定しており、自家用車のレベル4は対象外になっている。実際に、改正法は特定自動運行としての許可基準の一つに「特定自動運行が人又は物の運送を目的とするものであって、当該運送が地域住民の利便性又は福祉の向上に資すると認められるものであること」と定めている。

永平寺町の無人運転

新たな法制度施行前からその先駆けとして国などが大きな期待を寄せていたのが、福井県永平寺町での取り組みである。永平寺町は道元によって開かれた曹洞宗の大本山、座禅修行の道場として全国に知られる永平寺の門前町だが、ここで国の産業技術総合研究所と連携し、2021年3月から日本で初めての遠隔監視による無人自動走行車両の定常運行が実施されている。東京・臨海地域を走る無人運転の新交通システム「ゆりかもめ」にあやかって、「永平寺のゆりかもめ」とも呼ばれる。

2022年3月末までは平日は緊急時のために保安要員が乗り込む有人自動運転で、土日祝日はまったくの無人運転だったが、同年4月以降はレベル4の実験運行に専念するために、運行は土日祝日の無人運転に限っている。道路運送車両法に基づき、国土交通省からレベル3の機能を持つ車両として認可され営業運行していたが、当時から国内

「永平寺のゆりかもめ」と呼ばれる電動カート

で最もレベル４に近い形態といわれていた。そして、２０２３年3月30日、国内で初めてドライバーを必要としないレベル４の車両として認可された。今後は改正道交法に基づく公道走行の許可を福井県公安委員会に申請する。

無人運転が実施されている場所は経営難で廃止された旧京福電気鉄道永平寺線の廃線跡である。具体的には、えちぜん鉄道（永平寺線の大半を引き継いだ県主導の第三セクター鉄道）の永平寺口駅南側方向にある自転車・歩行者専用の町道として整備した遊歩道（通称「永平寺参《まい》ろーど」、計６㎞）のうち、旧荒谷駅から永平寺の門前入り口（志比）までを結ぶ計２㎞区間である。

私は国内で唯一の無人自動運転をぜひとも体感したいと思い、2022年3月下旬に永平寺町を訪れた。週末の金曜日に現地に入り、まず有人自動運転車両から体験した。

同年3月末まで運行されていた有人自動運転車両の場合、平日は1日往復各4便の運行。このうち、午後2時半に永平寺口駅裏にある乗降場所（東古市《ひがしふるいち》）を出発する便に乗車した。

出発時刻よりも15分ほど前に、ゴルフ場のカートに似た車が目の前に現れた。3列シート、6人乗りの電気自動車だ。保安要員である年配の男性が一人運転席に座っている。「ZEN drive（ゼンドライブ）」と呼ぶこの電動カートに乗り込んだところ、乗客は私一人だけだった。ちなみに、この日、私が乗車した便の前に3便運行され、東北地方から永平寺を訪れた年配の親子連れら5人を乗せたという。

ゼンドライブのルートである廃線跡の遊歩道。左右には田畑や山林が続くのどかな風景の中を最高時速12㎞の低速で走行する。ここも他の廃線跡と同じく歩行者のほか自転車だけが走れる専用道だが、2022年3月末まで地域住民の移動の足である公共交通として、この電動カートが午前10時から午後2時台まで1日往復8便走っていた。

最前列左側の運転席に座る保安要員は運行中、ハンドルなどを一切操作しない。路面に埋め込まれた電磁誘導線から出る磁気を電動カートに備えられたセンサーが感知して進む。

終点の永平寺の門前入り口までの約6㎞の行程中、同じ電動カート2台とすれ違ったが、幸か不幸か歩行者や自転車に出くわすことはなく、終始快適に走り続けた。ルートの中で公道（国道）と交わるところが、遠隔監視室が置かれている建物近くの乗降場所（荒谷）の手前にあり、遠隔監視により電動カートは一時停車したが、問題がないことを確認すると動き出した。

ホームページに示された運行ダイヤ通り、ちょうど40分で門前入り口に到着した。運賃100円で全国でも珍しい自動運転の電動カートに乗れて、しかも鉄道廃線跡をゆっくり快適に辿れるのだから、小さな旅とはいえ満足度の高い体験だった。

翌日の土曜日。いよいよ無人の自動運転車に乗車できるとの期待を胸に、朝早く宿泊した福井駅前を出発。永平寺口駅から路線バスに乗り継ぎ、永平寺門前に向かった。ただ、この日はあいにく、前の晩から強い雨風があり、無人自動運転が行われる区間の一方の起点である永平寺門前入り口に第1便出発時刻（午前10時）の30分以上前に着くと、非情にも「荒天のため運休」と書かれた紙が立て看板に貼られていた。後から自動運転のホームページに「天候状況等により予告なく運休する場合がある」との一文があることを知ったが、レベル4となると、こうした悪天候時にもシステムが自動運行するはずである。

せっかく、この無人自動運転の取材で来たのだからと気持ちを入れ替えて、翌日の日曜日に再度挑戦した。乗降場所の永平寺門前入り口に着くと、間もなくして遠方から、2日前（金曜日）に乗ったのと同じ電動カートがゆっくりとしたスピードでこちらに向かってくる姿が見えた。運転席には保安要員らしき人はだれもいない。長屋根の待合用建物がある乗降場所を半円状に回り、発車ラインの前で自動停止した。

定刻の10時少し前に「5号車、間もなく動き出します」というアナウンスが車内に流れた。しばらくすると、そろりと電動カートは動き出した。

乗客はこの日も私一人だけだった。動き出してからしばらくは少し緊張した。急にスピードを上げ暴走したりしないだろうかという不安な気持ちにもなったが、安定した低速走行が続き、間もなくそれが杞憂であることに気づかされる。この日も途中、同じ無人の自動運転車2台とすれ違い、一時停止したり徐行したりしたこと以外はゆっくり走り続け、山側の終点である荒谷の乗降場所にダイヤ通り10分で到着した。

荒谷の乗降場所近くにある遠隔監視室では2日前に会った保安要員が同時に走る車両3台の運行をカメラで監視していた。

システムエラーの可能性踏まえた合意必要

永平寺町での遠隔監視による無人自動運転の体験を通じて実感したのは、運行の安全面から見て同町のように、過疎地での廃線跡の遊歩道など専用走行空間に近い場所があれば、レベル4実現の可能性が高まるということである。レベル4の自動運転車両の運行が軌道に乗れば、たとえ短いルートとはいえ、新たな公共交通として同町の魅力を高め、多くの観光客を呼び込む新たな地域ブランドになり得るかもしれない。

ただ、廃線跡など適地となる場所はそうあるものではない。過疎地でもいくら車の通行量が少なくても歩行者や自転車もいる一般道路ではレベル4はおろか、レベル3の実現も容易ではない。

国は自動運転のロードマップとして、過疎地での無人巡回バスの運行や物流輸送などを念頭に2025年度をメドに40カ所以上の地域で、2030年度までには100カ所以上の地域での実現を目指しているが、運行の安全性はやはり置き去りにはできない。懸念されるのは経済活性化や産業競争力の向上を旗印に交通の世界を変えようと急ぐあまり、安全性が軽視されることである。

2021年8月に東京パラリンピックの選手村（東京・中央区）でトヨタ自動車が開発した自動運転バス（電気自動車の「eパレット」）が視覚障害者の日本代表選手と接触事故を起こした。警視庁はレベル2で運行していた車両の機能や構造に問題はなく、搭乗し運転操作に当たっていたオペレーターの人為的なミスが原因と結論付けたが、事故が起きた際の法的責任のありかたなどが問われた。

「絶対に安全で事故を起こさないレベル4のクルマを作ることは現段階の技術では非常に困難」というのが大方の専門家の見方である。たとえ、過疎地が運行の舞台になっても、レベル4の実現を目指すというのならば、システムが起こすエラーの可能性を踏まえた丁寧な議論が欠かせないだろう。

第5章　歩行者に安全な歩道を取り戻せ

車道削減前提の歩行者空間拡大へ新制度

「歩行者利便増進道路」。何か聞き慣れない言葉だが、２０２０年5月20日に成立した改正道路法で生まれた新制度である。車道の削減により歩道をその分広げ、そこで生まれた新たな空間を歩行者の通行区間とは別に、テラス席やベンチを置き、オープンカフェやイベントなどをできる「滞留・賑わい空間」として整備するというものである。

にぎわいづくりのための歩行者主体の空間づくりについては、国土交通省がこれまでも審議会の答申など文言としては色々と言ってきたが、今回は本気度がこれまでとは多少違うのかと期待したくもなる。道路局自らが車道削減を前提にした道路行政を推進しようとも読めるからである。

２０２０年11月の改正法施行前に「滞留・賑わい空間」を前提にした道路づくりの具体的なモノサシを定める新たな道路構造基準がつくられ、同空間の創出を自治体に積極的に促している。国道なら国、都道府県道ならば都道府県、市町村道ならば市町村というように、道路管理者が歩道に賑わい空間をつくりたい場合には対象となる道路を具体的に設定。車道の削減により広げた歩道の拡張部分を「滞留・賑わい空間」として活用したい事業者を幅広く公募で選び、最長20年間使用できるようにする。

占用期間は通常、5年だが、20年にしたのはテラス付きの飲食店など多額の初期投資が必要な施設も参入しやすくするためという。実際の整備には国の交付金による重点支援も用意している。2021年2月に大阪市の御堂筋、神戸市の三宮中央通り、兵庫県姫路市の大手前通りが全国で初めて指定を受けた。このうち、大阪市の繁華街、キタとミナミを結ぶメインストリートである御堂筋（国道25号）のうち、淀屋橋〜難波間（約3㎞）では「滞留・賑わい空間」をつくるため、側道を歩行者空間化する工事が進められている。大阪市は御堂筋完成100周年に当たる2037年を目標に全車線を歩道化する大きな構想を掲げている。

ちなみに、この「滞留・賑わい空間」は道路構造令上では歩道の扱いだが、「歩行者の利便増進を図る空間」と呼び、通称は「ほこみち」という。歩行者天国の「ホコ天」（交通規制による歩行者用道路）にあやかったものなのかもしれないが、何ともお役所的なネーミングではある。

「3密」回避で道路占用特例

この歩行者利便増進道路の施行前に、国交省道路局は前触れ的な取り組みも始めていた。新型コロナウイルスの感染拡大に対応した「3密」回避のための緊急措置として、2020年6月5日、道路局長名でコロナの影響を受ける飲食店が歩道などを利用して営業できるように、道路占用の許可基準を緩和する旨の通知を全国の自治体に出した。

通知によると、飲食店が歩道でテイクアウトやテラス営業をする場合、交通量が多い場所では3・5m以上、その他の場所では2m以上の歩行空間を確保することを条件に、仮設の机や椅子を置くことができるとしている。自治体もしくは自治体が支援する商店街など民間団体が一括して申請し、周辺の清掃もすることを条件に占用料は徴収しない。

国交省によると、2021年7月7日時点で、全国の約170の自治体で適用事例があり、占用許可件数は約420件に上っていた。赤羽一嘉国交相（当時）は道路占用特例の通知を出した2020年6月5日の記者会見で「いわゆる新たな生活様式に対応した道路空間を活用するニュービジネスモデルを支援したい。今回の措置を活用した取り組みが全国で展開されることを期待する」と述べたが、おおよそ、その期待通りになったとは言えるだろう。この道路占用特例は2023年3月31日をもって終了し、国交省は「ほこみち」制度への移行を呼びかけている。

コロナ禍の中、同じ国交省でも都市局などと比べ地味な印象があった道路局のパフォーマンスがこのところ目立っている。

2020年6月18日に社会資本整備審議会道路分科会基本政策部会の提言として、道路政策ビジョン「2040年、道路の景色が変わる」を公表した。冒頭の「はじめに」では、2020年に入って直面した新型コロナウイルスの感染拡大を「未曾有の危機」と捉え、「ポスト・コロナの新しい生活様式や社会経済の変革も見据えながら、概ね20年後の日本社会を念頭に、道路政策を通じて実現を目指す社会像、その実現に向けた中長期的な政策の方向性を提案する」としている。

目指す方向として「マイカーなしでも便利に移動できる道路」や「行きたくなる、居たくなる道路（メインストリートなど）」など、これまでの道路局の文書にはあまり見かけなかったフレーズが並ぶ。「行きたくなる道路」の具体的なイメージでは「通過車両を環状道路等に誘導・迂回させ、まちの中心となる道路を人中心の空間として再生。オープンカフェやイベントが催される楽しく、安全で、地域の誇りとなる道路空間が創出」と説明している。今回の「歩行者利便増進道路」はこれに当たるようである。

歩行者利便増進道路は、「歩行者天国」など歩行者街路ではないが、歩行者主体の賑わい空間という括りでは同じである。しかし、ここで注意してもらいたいのは、そうした賑わい空間づくりは今に始まった話ではないということである。世界的に見れば、その動きは１９６０年代、デンマークの首都コペンハーゲンに始まったし、日本でも１９７０年から色々と動きが出始めた。歩行者主体の賑わい空間はまさに50年以上前からの懸案なのである。

１９７０年8月2日。日曜日だったその日、当時の美濃部亮吉・東京都知事の手により、銀座、新宿、池袋、浅草の都内４カ所の繁華街で「歩行者天国」が始まった。ただ、この歩行者天国はご存知の通り、恒常的な歩行者街路ではない。道路交通法に基づく「歩行者用道路」の扱いで、休日など日時限定付きで自動車の通行を禁じる交通規制である。都市・交通ジャーナリストの故・岡並木さんは生前、これを「歩行者街路の『仮の姿』」と呼び、まがい物として歓迎していなかった。

銀座などでのホコ天開始から2年後の１９７２年、今度は北海道旭川市に道路法に基づく「歩行者専用道路」として本格的な歩行者街路が誕生した。旭川駅前から続く延長約1kmに及ぶ「平和通買物公園」である。のちに村山富市内閣の官房長官も務めた当時の五十嵐広三市長の「まちなかに市民の空間をつくる」という公約によるものだった。

ただ、その後、追随する形で各地に生まれた恒常的な歩行者専用空間は、横浜市の伊勢佐木モール（1978年）や大阪市の道頓堀（1980年）など数えるほどしかない。

なぜ、これほどまでに日本では歩行者空間が広がらなかったのか。私はこれまで国の行政機関や各地の自治体の現場を取材してきたが、いくつか理由があると思っている。

いつまで続く交通行政への警察の関与

大きな理由の一つは、国の旧態依然たる法制度や対応である。中でも、道路交通法を所管する警察庁の存在は無視できない。「歩行者の安全」や「車の円滑な運行」を理由に警察は地域交通の様々な場面に関与し続けている。旧建設省（現在の国交省）が第二次世界大戦後に現在の道路法をつくろうとした際も警察がかなり干渉したといわれる。

道路法48条に定める「歩行者専用道路」の対象は、新規に整備した道路に限られている。仮に銀座通りを道路法上の歩行者専用道路にするには、一度廃道にしなければならないのである。実際、旭川の買物公園もそれまでにあった国道をわざわざ廃道にし、平行する道路を広げて国道を移すことで、新規道路としての歩行者専用道路に認めてもらった経緯がある。こうしたことから、伊勢佐木モールなど旭川の買物公園以降に誕生した「ホコ天」などの歩行者街路はほとんど、道路交通法に基づく「歩行者用道路」の扱いである。道交法の歩行者用道路では「歩行者の安全」を強調するためか、ベンチの置き場ひとつでも制約を受けている。

欧米では道路交通を管理しているのは自治体である。このため、自治体の判断で地域内の車道を削減することでトラム（路面電車）を通したり、自転車道を新たに設けたりすることがしやすいのだ。既に述べたように、先進諸国で警察が道路行政に口をはさむ国は日本ぐらいである。こうした構造的な問題の責任は警察だけでなく、国交省など関係官庁、もっと言えば政治の怠慢とも言えるだろう。もちろん、かつての旭川市のように国政に一石を投じるような自治体のやる気も重要である。

例えば、蔵造りの街並みで知られる埼玉県川越市中心部にある一番街通り（延長約400m）。市の南北を貫く幹線道路（県道）のため通過車両が多く、平日でもごった返す観光客らの安全を脅かし続けている。解決策として市は2車線のうち1車線を歩行者用のスペースとして広げる一方通行化を2011年から検討しているが、一部住民の反対もあり、10年以上経ってもほとんど手を打てずにいる。

今回の歩行者利便増進道路は歩行者街路ではないため、道路法と道路交通法という道路に関する2つの法律が今なお併存しているなど、自治体主導の交通政策にとって妨げとなるような問題が解消されるわけではない。ただ、道路局がせっかく「新たな日常」(ニューノーマル)が求められるポスト・コロナの道路政策を言い出したのならば、これを突破口にまだ見ぬ地平に向けて大きく前進してもらいたいものである。

今と類似する明治初めの「乗り物バブル」

2021年末、東京都八王子市の夢美術館で開催された「自転車のある情景」をテーマにした企画展を見る機会があった。自転車を題材に描かれた多数の絵画やポスター類が一堂に集められたが、中でも目を引いたのが明治時代の世相や風俗を描いた錦絵(多色刷り版画)。まだ日本にお目見えしたばかりの自転車が描かれていた。

その中の一つ、明治の初めごろに制作された「築地ホテル館」(歌川芳虎画)には当時、新たな移動手段として増え始めた乗り合い馬車や人力車に交じって、自転車を漕ぐ男性の姿が描かれている。1870年（明治3年）に「自転車」という言葉が公文書の中で初めて使われたといわれるが、それだけにこの自転車も物珍しい乗り物として絵師の目に映ったのだろう。

ただ、それらを取り締まる規則もまだ整っていなかったこの時代、錦絵のモデルとなった場所に居合わせた当時の庶民の目から見れば、それまで歩行者中心だった街なかに突然、色々な新種の乗り物がいっぺんに現れたわけで、一種の「カオス」に似た「乗り物バブル」を前に驚き、腰を抜かす者も少なくなかっただろう。

この明治初めの「乗り物バブル」と似た現象が今起きようとしているのではないだろうか。街なかでの自転車の利用は以前から増えていたが、コロナ禍の中、密を回避する移動手段として電動自転車のシェアリング利用が広がり出しているだけでなく、電動キックボードや電動車椅子など多様な新種の電動モビリティが続々と街なかに現れ始めている。ダイバーシティ（多様性）が社会の様々な分野で新たな潮流になってきたが、街なかの乗り物にも多様性の波が押し寄せていると言える。

日本における自転車の歴史を紐解くと、社会での定着までにかなりの時間がかかったことが分かる。『自転車の文化史』（佐野裕二著）によると、日本に自転車が初めてお目見えしたのは、江戸時代末期の慶応年間に輸入された、前輪にペダルを付けた木製車輪の「ミショー」型といわれるが、それから1887年（明治20年）ごろまでの約20年間は若者たちが乗り回す舶来の危険な玩具として、至って評判が悪かったようだ。ちなみに、日本で初めて今でいうシェアサイクルの原型である貸し自転車の営業が始まったのは1877年（明治10年）、横浜・元町において輸入自転車16台を使ったものだといわれる。

電動キックボードなど新たな小型電動モビリティもかつての自転車の歩んだ道のように曲折はあるものの、最終的には市民の足として定着するのか。それとも、街なかに様々な乗り物が溢れかえる「交通カオス」に拍車が掛かるのだろうか。

コロナ禍の自転車ブーム

新型コロナウイルスの感染拡大以降、移動手段として自転車に光が当たっている。初期のころは感染拡大を防ぐため、日本だけでなく世界的に自転車利用が広がっていることや、警視庁が東京都内で自転車専用通行帯（＝自転車レーン）の整備拡大の計画を進めていることなどが報じられた。

自転車を共有するシェアサイクルの動きも広がっている。

私は海外や日本におけるシェアサイクル導入の動きを草創期のころから見てきたが、当時から見るとだいぶ発展したというのが率直な感想である。シェアサイクルの先駆けとして、パリ市が高密度な貸出・返却拠点の設置や低料金・24時間利用など使い勝手の良い仕組みを売り物にした新たな近距離公共交通システム「ヴェリブ」を導入したのが２００７年。それ以降、他の欧米都市でも同様のシステムが相次いで導入されていった。

一方、日本ではＪＴＢが２００９年に東京・大丸有地区（大手町・丸の内・有楽町地区）で試行的に始めたのが最初で、その後、２０１０年に富山市がパリと同じシステムを導入した。

それ以後、ＮＴＴドコモが新規事業の一つとして赤い電動アシスト自転車を使ったシェアサイクル事業を立ち上げ、２０１１年に横浜市で長期の実証実験を開始。翌年には東京都江東区で事業を始めてから、徐々に東京23区でサービスが広がり、現在は14区に上っている。２０１６年からは借りた区と別の区で返却できる「相互乗り入れ」も順次始まっている。

今、ドコモ（現在は関連会社のドコモ・バイクシェア＝東京・港区）と「２強」と言われるまでにステーション数で競い合っているのが、「ダイチャリ」ブランドで展開するシナネンモビリティＰＬＵＳ（東京・港区）である。同社はＬＰガスなどのエネルギー商社シナネンホールディングスの関連会社で、２０１６年にシェアサイクル事業に参入。ソフトバンク系のシェアサイクル事業「ハローサイクリング」グループに加わり、東京、埼玉など首都圏を中心に約３０００のステーションを持つ（２０２２年12月末時点）。ドコモの事業エリアは東京区部など都心部が中心なのに対し、ダイチャリは貸出・返却拠点であるステーションの設置場所でコンビニやスーパーなどと提携し、広く首都圏の郊外住宅地などにもきめ細かく事業を展開している。

ドコモの場合、利用料金が都内では最初の30分が１６５円、その後30分ごとに１６５円だが、ダイチャリの料金はそれを意識してか最初の30分を１３０円、延長15分ごとに１００円と設定している。

懸念される自転車の暴走運転

都市の新たな近距離交通手段として自転車に追い風が吹いているが、気になるのは自転車の暴走運転である。コロナウイルス禍の中、密を避けられる移動手段として自転車の利用が広がっただけでなく、注文を受けた食事を自転車で配達する飲食宅配サービスのニーズも高まったことで、歩行者が被害を受ける恐れが増している。

そもそも、道路交通法では自転車は車両と位置付けられ、車道の左側を走らなくてはいけない。だが、先進諸国では日本だけだが、「例外的な場合」として市街地での歩道通行が認められている（1978年の道路交通法改正で自転車の歩道通行が緊急避難的に認められるようになった。ただ、通行と言っても、歩行者の妨げになる時には徐行または一時停止が義務付けられている）。

2008年に施行された改正道交法で自転車の歩道通行要件が明確化されたといわれるが、それでも曖昧な内容である。同法63条の4第1項には歩道通行ができる「例外」として「自転車通行可」の道路標識がある場合、自転車の運転者が児童・幼児や高齢者の場合に加え、「やむを得ない」と認められる場合を含めている。ただ、この「やむを得ない」場合の定義が曖昧なのである。法律の条文には「車道又は交通の状況に照らして当該普通自転車の通行の安全を確保するため当該普通自転車が歩道を通行することがやむを得ないと認められるとき」としている。つまり、歩道上を自転車で走ることの是非は事実上、その人の裁量にゆだねられてしまっている。

増えている歩行者を巻き込む事故

警察庁の統計によると、自転車と歩行者の事故件数、自転車同士の事故件数、自転車単独事故件数のいずれもが2017年以降、前年比で増える傾向にある。自転車と歩行者の事故はここ10年くらいでは2016年の2281件が最も少なかったが、2022年には2905件と前年に比べ6・3％増加、2016年に比べると27・4％増えた。

注意したいのは、10年前と比べた長期的なトレンドである。自転車関連の事故のうち、「自転車対自動車」は大幅減少している一方で、「自転車対歩行者」や「自転車単独」が増加傾向にある。警察庁がまとめた直近のデータによると、「自転車対自動車」の2022年の事故件数（5万4047件）は2012年（11万1414件）に比べ51・5％減少したのに対し、「自転車対歩行者」の2022年の事故件数（2905件）は2012年（2625件）に比べ10・7％増えているのだ。

人口10万人当たりの交通事故死者数を他の先進諸国と比較すると、自動車乗車中の死者数では日本は0・8人と最も少ない（トップの米国は4・2人、2位のフランスは2・7人）が、自転車乗車中の死者数では日本は0・6人とオランダ（0・8人）に次いで高い。

さらに驚かされるのは、悪質な自転車運転の検挙件数が増加の一途をたどっていることとである。2020年に全国の警察が摘発したのは前年よりも2606件（11・4%増）多い2万5465件だった（警察庁2021年2月18日発表）。「統計がある06年以降、毎年増加し、この5年間では1・8倍になった。新型コロナウイルスの感染拡大後、通勤や宅配サービスで自転車の利用が広がっており、警察は交通ルールの順守を呼びかけている」と2021年2月19日付け毎日新聞朝刊は報じた。実際、コロナ禍の中、飲食宅配サービスのニーズが増えたことで、配達員の自転車が歩道上を走り、歩行者とぶつかり、けがを負わせる事故も増えている。

自転車が関係する事故自体は減少傾向にあるというが、歩行者などとの事故は逆に増えているという事態をどう見ればよいのか。市街地などでは自転車が走行する専用空間が絶対的に足りないため、結果的に歩道に自転車を乗り上げているケースが少なくないことが関係しているとみられる。

それだけに求められるのは、自転車が乗り上げている歩道では警察が現地でしっかりと指導することだろう。自転車レーンなど専用通行空間がないという理由で自転車の利用者が「やむを得ない」と判断して走る歩道に関しても、歩行者に危害が加わりそうな場合には一時停止、そうでない時でも徐行を促すことが必要である。しかし、実際には各地でそうした警察の現地指導が日ごろ行われているとはあまり聞いたことがない。

大半は矢羽根表示の車道混在型

国も対策に手をこまねいていたわけではないが、自転車の専用通行空間の整備は残念ながらあまり進んでいない。国土交通省と警察庁が2012年11月に自治体による自転車ネットワーク計画づくりを促すためのガイドライン（「安全で快適な自転車利用環境創出ガイドライン」）を策定したことで、歩行者と自転車が分離した自転車通行空間の整備は徐々に進んでいる。

国交省道路局と警察庁交通局の調査によると、歩行者と自転車が分離した自転車通行空間は早期整備を促すため同ガイドラインを改定した2016年度（2017年3月末時点、以下同じ）には1247kmだったのが、2017年度には1750km、2018年度2254km、2019年度2927km、2020年度3599km、そして2021年度には4686km（速報値）と年々増えている。5年間で3439km、約3・7倍に増加したわけである。

ただ、急スピードの増加には理由がある。車道の路側帯寄りに自転車の通行位置を示す矢羽根形状の路面標示（道路交通法に基づかない法定外表示）がされている「車道混在」型が多いのである。直近の2021年度には3836㎞と大半を占める。残りはいわゆる自転車専用空間で、道路上に青色などで色塗りされた帯状部分の自転車専用通行帯（＝自転車レーン、道路構造令により幅員は1・5m以上と規定）が594㎞、車道と柵などで隔てている自転車道と、郊外部などに多い自転車専用道路が合わせて256㎞となっている。

さらに近年の特徴は、先ほどの車道混在型が占める割合が年々高まっていることである。2016年度には48％だったのが、2018年度には68％、2019年度には73％と7割台に達し、そして2021年度には82％と8割台に乗せた。

日本の場合、欧米諸国と比べ総じて道路の幅員が狭く、物理的に自転車専用空間の確保が難しいのは否めない。このため、先ほど紹介した2012年策定のガイドラインも自転車の走行環境を「自転車ネットワーク路線」と位置づけ、そのネットワーク路線を自治体ごとに設定し、整備してもらおうとの趣旨から、ネットワークに掲げる路線として自転車道、自転車レーンのほか、規制速度が低く交通量が少ないところでの矢羽根標示の車道混在型を提示したのである。だが、せめて自転車レーンをもう少し広げることはできないのだろうか。

こうした疑問の声は関係者の間からも出ている。国交省が自転車活用推進法（2016年制定）に基づく第2次自転車活用推進計画案の審議のために設置した有識者会議（座長・屋井鉄雄東京工業大学教授）でも委員の間から、「車道混在で矢羽根だけ引いている道路が多く、自転車専用通行帯などの整備は進んでいない」「道路局が事務局になっている自転車活用推進計画ができて、自転車通行環境の整備が進むと思っていたが、道路局の本気度が伝わってこない」といった厳しい意見も出された。

今なお曖昧な「自歩道」の存在

また、自転車ネットワーク計画を策定した自治体の中には、通称「自歩道」と呼ばれる「自転車歩行者道」をネットワーク路線の中に組み込んでいるところもあり、それを問題視する意見も委員から上がった。

自歩道は道路交通法では歩道の扱いだが、道路構造令上では自転車も通行できる幅員の広い道路（構造令では幅員は3m以上確保するものと規定）のことを指す。しかし、「自転車は車道通行が大原則」とした先のガイドラインでは自転車の通行空間として位置付けていない。つまり、自歩道は暫定的な存在なのに、実際には自転車が大手を振って走っているケースが多く、実際、自歩道での自転車と歩行者の事故は少なくない。

久保田尚・埼玉大学教授が埼玉県・埼玉県警の協力を得て実施した研究でも車道上に矢羽根型の路面標示が出来ても、歩道上での自転車と歩行者の事故が課題になっていると報告されている。

日本でもガイドラインの策定以降、自転車通行空間の改善に向けた動きは徐々に広がりつつあるのは確かである。だが、根本的なところでは、自転車の歩道通行を認めた1978年の道路交通法改正時と状況は大きく変わっていないように思う。

電動キックボードは自転車と同じか

一方、新たな問題として浮上しているのは、自転車と同じく手軽に一人で移動できる電動キックボードなど小型電動モビリティの存在である。

電動キックボードはこれまで道交法上は原動機付自転車（＝「原付バイク」）として扱われ、車道での走行が義務づけられてきた。このため、シェアリング事業者からは走行スピードを自転車並みに落とすことを条件に、ヘルメット着用や運転免許証保持がなくても済むよう、また、自転車のように道路交通法に基づく自転車レーンで走れるよう要望する声が上がり、これを受けて警察庁は自転車並みの規制緩和策を盛り込んだ改正道路交通法を制定した。施行時期は公布後2年以内の2024年春までにということだったが、最終的に2023年7月と大幅な前倒しとなった。

最高時速20㎞以下の機体は改正法では新たに「特定小型原動機付自転車」（略称は「特定原付」）と位置づけ、16歳以上ならば運転免許なしで車道だけでなく自転車道・自転車レーンなども走ることが可能になり、最高時速6㎞に速度制御できる機体ならば、「特例特定小型原動機付自転車」という何とも長々しい名前で原則禁止の歩道も走行できるとした。

都市内の総合的な交通体系の中で自転車とともに電動キックボードなど小型電動モビリティをどう位置付けていけばよいのか。自転車とともに、通行環境に関して難しい問題を突き付けている。以下、電動キックボードを中心に新しい近距離移動手段である小型電動モビリティについて詳しく見てみたい。

欧州の街なかの風景を変えたキックボード

イタリアの大都市ミラノでは現在、電動キックボードのシェアリング事業者としてアメリカ・カリフォルニア州で誕生した世界最大手の Bird Rides（バード・ライズ）をはじめ7社が競合している。

同地にデザイナーとして30年以上住む知り合いの日本人女性はバリバリのサイクリスト。イタリア語で「モノパティーノ・エレトゥリコ（Monopattino elettrico）」と呼ぶ電動キックボードも環境にやさしい新たな移動手段として認めるが、利用者の中には車道でも歩道でもお構いなしに飛ばす人が少なくなく、事故も多発する現状には顔をしかめる。自動車との接触事故のほか、単独で電柱に激突して死亡したケースもあるという。歩道上でのシェアリング用キックボードの散乱などを理由に、市から事業許可を取り消された事業者もいる。

ボストン・コンサルティング・グループは電動キックボードのシェアリングについて、2025年には世界全体で約4〜5兆円、日本国内でも約1兆円の市場規模になると試算している。同市場は自転車シェアリングのそれを凌駕する大きなマーケットを持つともいわれる。バード・ライズの資料によると、同社が立ち上げた電動キックボードの市場は米国でシェアサイクルが10年かけて築き上げた市場を2年目で追い越した。

「マイクロモビリティ」という言葉が近年、よく使われるようになった。低速で走る小型モビリティなどを指す。駅から目的地までなどの「ラストワンマイル」の移動手段としてまちの賑わい向上につなげたり、超高齢社会時代の新たな移動手段になったりすることが期待されている。近年、その代表格として脚光を浴びているのが、電動キックボードだ。

ただ、電動キックボードは先述の通り、道路交通法上は原動機付自転車（原付バイク）の扱いで、普通自動車免許もしくは原付免許が必要である。ヘルメットの着用も義務付けられ、走行するのは原付バイクと同じく車道に限られていた。

規制緩和に向け、公道実証実験を相次ぎ実施

それが2020年に事業者の要請を受け、時限的な規制緩和の試みが始まった。認定を受けた事業者のみの特例的な措置として、産業競争力強化法に基づく新事業特例制度が電動キックボードに適用され、2023年7月の改正道交法施行前まで公道での走行実証実験が行われているのである。

まずは第1弾として2020年10月から2021年3月までの半年間、最高時速20km

電動キックボードの公道走行実験（横浜市）

を条件に走行できる場所として、車道に加え、自転車専用通行帯（＝自転車レーン）が認められた。そして、２０２１年４月からの第２弾では最高時速を15㎞までに抑えれば、原動機付自転車ではなく、「小型特殊自動車」という扱いでヘルメット着用なしでも乗車が可能になった。走行空間も車道、自転車レーンのほか自転車道、一方通行だが自転車は双方向通行が可能な車道も対象に加わった。

２回目の実証実験に参加した事業者はＬｕｕｐ（ループ、東京・千代田区）やＥＸｘ（エックス、東京・渋谷区）、ｍｏｂｂｙ ｒｉｄｅ（モビー・ライド、東京・港区）、はしごメーカーの長谷川工業（大阪市）

の4社で、1回目から参加している前3社はスタートアップ企業である。それぞれ実施エリアは異なっていた。当初、ループは渋谷区や港区など東京都心エリアと大阪市。エックスは渋谷・世田谷の両区のほか、千葉県柏市、神奈川県藤沢市、兵庫県豊岡市。モビー・ライドは福岡市、長谷川工業は地元大阪市のほか、千葉市の一部を対象エリアにした（その後、ループをはじめ4社はそれぞれ実施エリアを拡大するとともに、走行実証実験の実施企業も世界最大手のバードが加わるなど、2022年12月時点で16社に拡大した）。

いずれもスマートフォンのアプリで乗りたい場所にある機体を探し出し、解錠し、目的地に着いたら近くにあるポートに返却するという仕組みである。

実証実験期間中の2021年9月の平日午後、私もこのうちループの電動キックボードを東京・青山で試乗してみた。以下は実証実験期間中のサービス内容である。

まずは、自分のスマホにループの専用アプリをダウンロードする。その後、料金を支払うクレジットカードの情報を入力。アカウント設定画面から自らの運転免許証の写真データを当該画面に貼り付けるなど利用者登録をした後、乗車に当たって、「特例の電動キックボードは自転車扱いとなるのか」など関連する道路交通法上の走行ルールに関する知識を問う確認テストを受けた。出題された問題を全問正解してはじめて乗車できる。

その後、キックボードの置かれているポートが図示されたマップ画面から、使いたいポートを探し機体があるかどうかを確認。該当する機体のあるポートに着いたら、スマホの「ロック解除」と印されたボタンを押してカメラを起動し、機体のハンドル中央部にあるQRコードから5ケタのID（機体番号）を読み取ると、解錠され、行きたい目的地のポート（＝返却する場所）を選択して手続きが終わる。

実証実験中の利用料金は特別価格として初乗り10分までは110円。以後1分おきに16・5円が追加される（その後、料金体系は変更になった。基本料金50円プラス時間料金として1分当たり税込みで15円。例えば、利用時間が5分ならば、料金は計125円）。最高時速は15㎞に制限されている（改正法施行の2023年7月以降は20㎞）。ヘルメットの着用は任意で、ポート内に置かれた機体にもヘルメットは備え付けられていない。

ループは港区はじめ東京都心エリアで運営しているが、私は多少土地勘のある東京メトロの青山一丁目駅近くにあるポート（港区）を乗車場所に選んだ、国道246号線（青山通り）と都道319号線（外苑東通り）が交わるところにある新青山ビル前（外苑東通り沿い）のポートである。幸い、このポートには利用できる機体が1基だけあった。

ただ、実証実験中とはいえ、キックボードは車道もしくは自転車レーンしか走れない。国道246号線は車の通行量が多く危ない（後で乗車できないことを知った）、外苑東通りも車の往来が比較的多く、いきなりキックボードを運転するには不安だった。たまたま、近くに車の通行が少ない一方通行の車道を見つけ、そこで試乗した。

ポートのある場所はビルの敷地内（1階の銀行店舗横）にある。そこから機体を押しながら、向かいの外苑東通りを横切る横断歩道を渡り、その一方通行の車道に向かった。

地面を蹴ってスピードを付け両足を置き、機体の中央部にあるアクセルをゆっくりと押すと、電動で加速し始める。機体自体が縦に細長い2輪車であり、しかも立ち乗りで運転するという不安定な構造のため、最高時速15㎞とはいえ、思った以上に速く感じられた。乗った当初は恐る恐る運転したが、しばらくすると機体やスピードに慣れてきた。

乗車時間は計31分、乗車距離は300ｍで、料金は456円だった。初乗り料金（110円）プラス21分の追加料金（346・5円＝切り捨てで346円）である。先の料金体系と照らし合わせても、請求された料金はメニュー通りで間違いなかった。

乗車後の感想だが、個人差や年齢による違いなどは当然あるものの、運転に慣れるには少なくとも30分程度はかかりそうである。それでもいきなり車の往来が多い車道に出るには勇気が要る。私の場合、車は運転するが、原付でもバイクを運転した経験はない。原付以上のバイクを運転したことのある人は電動キックボードにも割合早く順応できるかもしれないが、原付バイク未経験者が初めてキックボードに乗る場合には最低10分程度でも構わないから事業者側による対面指導があった方がよいのではないかと思った。いずれにしても、自転車に乗るのとは勝手が違う。どちらかと言えば20〜30代までの若年層向けであり、２輪の車両では中高年以上の操作はそう簡単ではないと思う。

潜在ニーズがある電動３輪車や電動カート

中高年向きとも思われるのが電動3輪車である。トヨタ自動車が開発した立ち乗り式の電動３輪車（商品名は「シーウォークティー」。後輪が2輪のタイプ）に乗る機会があった（２０２１年11月）。期間限定で遊園地（「よみうりランド」＝東京都稲城市）内でアトラクションとして体験できる場が設けられていたのだ。この電動3輪車は将来的には歩道での走行が目指されている。

速度が時速２〜６㎞（5段階で切り替え可能）と低速。さらに、ほっそりとした縦長のボード上に左右の足を離して置く電動キックボードに比べ、電動3輪車はボードの幅が

45㎝と広く、両足をしっかりと左右に並べることができるため、運転中に身体がよろけそうになる心配はあまりなく、比較的安定して乗ることができた。

電動キックボードのシェアリング事業者の間でも「キックボードの普及には現行の2輪ではなく3輪もしくは4輪車の導入が必要」との意見が少なくない。今回の体験を通じてもとりわけ中高年層には3〜4輪車タイプの方が向いていると感じた。

また、歩行支援型の1人乗り4輪電動カート（＝車椅子、商品名「i-Walker Ⅱ」）にも試乗した。全長1195㎜、重さは47㎏とコンパクトな大きさで、折り畳めるため、車のトランクにも収納でき、外出先での持ち運びも容易である。リチウムイオン電池の充電時間は5時間、標準走行距離は35㎞にのぼる。

速度はトヨタの電動3輪車と同様、運転者が時速2㎞から6㎞の範囲内で設定でき、道路交通法上、歩行者扱いになっている。希望小売価格は40万円弱（税込み）とやや割高だが、高齢者の「運転免許返納後の新たなパートナー」と販売事業者は売り込んでいる。本格的な超高齢社会の時代に入った現在、確かに潜在的なニーズは小さくないだろう。

規制緩和ありきで動いた警察庁

このように近距離用の新たな移動手段が続々と生まれてきているが、懸念されるのはそれらを受け入れるための道路容量である。多くが幅員の狭い日本の道路空間は物理的に対応しにくいだろう。電動キックボードの場合、従来の道路交通法では原動機付自転車(＝原付バイク)の扱いのため、車道走行が原則だが、交通量の多い大通りで車と並走するのはキックボードに乗る者にとっても、車を運転する者にとっても危険である。

そうした中、電動キックボードなど新たな近距離用移動手段となる小型電動モビリティ実用化の動きを促す契機になったのが、警察庁の有識者検討会が2021年4月15日にまとめた多様な移動手段の新たな交通ルールの方向性を示した中間報告書である。検討会は当初から自民党政権の意向を受けて、電動キックボードなど新たな小型電動モビリティの規制緩和の実施を前提に設置された。

中間報告書は、電動キックボードなど電動モビリティについて、最高速度に応じて3つのタイプに分類。最高時速6㎞程度以下は電動車椅子相当の大きさの「自動歩道通行車」、同15㎞以下は普通自転車相当の大きさの「小型低速車」、同15㎞以上は既存の原付バイク扱いとした。電動キックボードは時速15㎞以下なら車道のほか、自転車レーン、自転車道などを走れるようにすることを検討するとした（ただし、中間報告書では歩道通行は認めないとした）。

シェアリング事業者から利用拡大のため着用義務緩和の要望が出されていたヘルメットや免許証の保持は任意を含め検討するとした。逆に、最高速度が時速15㎞を上回るならば、原付バイクと同じく走行する場所は車道のみで、免許の保持やヘルメット着用は義務付けるとした。

驚いたのは、その中間報告書から8カ月後に出た最終報告書ではさらに緩和色の強い内容になったことである。

2021年12月23日、警察庁は電動キックボードなど電動モビリティに関する最終報告書（正式名称は「多様な交通主体の交通ルール等の在り方に関する有識者検討会報告書」）を公表した。この中で、電動キックボードを普通自転車相当の「小型低速車」として扱う場合、その最高速度を中間報告書の「最高時速15㎞以下」ではなく、「20㎞以下」と5㎞上げたうえで、運転できる年齢は欧米で多い16歳以上にしているものの、運転免許は不要とした。ヘルメット着用も努力義務にした。

さらに問題は通行できる場所である。これもまた自転車並みの扱いとして車道のほか、自転車レーンや自転車道での走行を認めたうえで、歩道（路側帯を含む）の通行も「原則として不適当」としたものの、最高速度を６㎞（＝小走りのスピード）までに速度制御し、しかも制御していることが分かる表示をしている車両ならば、新たに「自動歩道通行車」（最高時速６㎞）として位置付けた自動３輪車や電動車椅子など低速の電動モビリティとともに「通行を認める余地はある」と例外を認める考えを示したのである。

この有識者検討会の座長を務めた久保田尚・埼玉大学教授は筆者によるインタビュー（２０２２年４月６日）に対し、「（電動キックボードを）受け入れるかどうかを決めるのではなく、（欧米で導入が広がっているから日本でも）受け入れざるを得ないという状況のなかで最低限どのようなルールを作るかということを検討した」と振り返った。

2023年7月に規制緩和を実施

この最終報告書を踏まえて、政府は第４章で述べた自動運転「レベル４」（特定の条件下ではシステムが車を操作）の公道走行に関する許可制度とともに、電動キックボードや自動配送ロボットなど新たな小型電動モビリティの交通ルールに関する規定を盛り込んだ道路交通法改正案を２０２２年の通常国会に提出した。そして、国会での審議で揉めることもなく、同年4月19日の衆院本会議で賛成多数で可決、成立したのである。

注意したいのは施行時期である。このとき、自動運転の高度実用化である「レベル4」の許可制度と、自動配送ロボットなど「遠隔操作型小型車」は2023年4月に施行されることが決まったが、電動キックボードなど「特定小型原動機付自転車」に関する交通ルールの施行は「公布後2年以内」（2024年春ごろまで）とした。改正法を含め新たな法律は成立後、周知期間を1年間置くことはあっても、2年間はあまりない。それだけに、電動キックボード関連の事故が急増していることと関係していると思われたが、結局のところ、施行日は2023年7月1日と早まった。早期のビジネス拡大を推進する自民党MaaS議員連盟の強力な働きかけがあったといわれる。

とはいえ、法案提出前から事故は急増しており、電動キックボードの人身・物損事故件数は東京都内だけで2021年に68件も発生。2020年は統計を取り始めた7月以降に3件で、大幅に増えたことが分かる。このうち、2021年8月に書類送検された20代前半の飲食店従業員の女性は家電量販店で電動キックボードを購入し、無免許で運転。赤信号を無視しタクシーと衝突、乗客にけがを負わす人身事故を起こした。同年12月には、警視庁は歩道通行や信号無視など悪質な交通違反について現場での交通反則切符（＝青切符）の交付を始めた。

改正法成立後、警察の現場も電動キックボードの違法運転の取り締まりを強化し始めたこともあり、摘発件数は増えている。警察庁によると、電動キックボード利用者の道交法違反容疑での摘発件数が２０２１年９月から２０２３年１月の１年半近くの間に全国で２０１４件あり、このうち歩道通行など「通行区分」の違反が全体の55％を占める１１１６件と最多だった。また、電動キックボードが関係する人身事故は２０２０年１月から２０２３年１月までに計76件にのぼり、１人が死亡、78人がけがをした。死亡事例は２０２２年９月に東京都中央区のマンション敷地内で中年男性がシェアリング・サービスの電動キックボードを運転中に車止めブロックに衝突し転倒したことによるもので、死亡事故は全国で初めてだった。

どこまで安全性を担保するか

こうした危険な事態をこのまま見過ごしてよいものだろうか。

まず懸念されるのは、最高時速20㎞以下の電動キックボードの走行を免許、ヘルメットなしで認めた場合、どこまで安全性が担保されるかである。

シェアリング事業者は自らのサービスの安全面に関し問題がないことを強調する。2021年10月に東京都立川市での公道走行実証実験を皮切りに、日本でのサービスを開始した電動キックボード世界最大手、バード・ライズ社の日本側運営パートナー会社、BRJの宮内秀明社長は「とにかく安心・安全が第一」と強調する。

安全面などから電動キックボードは自転車レーンなどで走らせればよいのではないかとの声もシェアリング事業者の間にはあるが、そう簡単な話ではない。既に述べたように、自転車ひとつとっても、日本の道路空間では走行空間の確保が難しいからだ。

かといって、歩道を通行してもよいというものでもない。警察庁がインターネットと運転免許試験場来場者を対象に実施したアンケート調査（有効回答数はネット調査500件、来場者調査1736件の計2236件）によると、電動キックボードが歩道を通行してもよいと思うかについて尋ねたところ、「よいと思う」は41％で、過半数（59％）が「よいと思わない」と回答した。

免許の有無による回答の隔たりもほとんどない（「よいと思わない」と回答した免許保持者は58・8％、同回答の免許不保持者は59・8％）。「よいと思わない」理由では「歩道を通行するのは危険だと思うから」が免許あり（89・6％）、免許なし（91・3％）ともに最も多かった。

一方、同じ小型電動モビリティである「自動走行ロボット」（道交法での呼び方は「遠隔操作型小型車」）の歩道通行については、「よいと思う」は66・3％と7割近くを占めた。

ただ、心配になる調査結果もある。筆者が理事を務める地域関連シンクタンクの一般社団法人立飛総合研究所（東京都立川市）の調査（東京都内在住者2068人が回答）で、改正法施行後に電動キックボードの利用意向を持つ人（回答者の31・1％）を対象に最高時速6㎞での歩道走行について尋ねたところ、「注意すれば安全」もしくは「歩いている人が少ない時は安全」と安全が担保されることを理由に歩道を走行したいと回答した人は74％強を占めた。これに対し、「安全とは思えない」「ノロノロ運転になって走行しづらい」などの理由で走りたくない人は2割弱にとどまった。

歩道を走行したい人が多数を占めた背景には、自転車レーンなど自転車専用空間が車道上に十分確保されていないため、車道よりは、やむを得ず歩道を走った方が利用者にとっては安全との意識が働いているとみられる。

最高時速を6㎞に制御する機体を条件にするとはいえ、原則禁止のはずの歩道走行を例外許可にしたのは、将来に禍根を残しかねない大きな問題である。歩道はあくまでも歩行者のものだという原点に改めて立ち返るべきではないだろうか。電動キックボードの普及が進む欧米など海外でも、歩道には自転車はもちろん、電動キックボードも乗り上げさせてはいない。フランスやシンガポールなどは2019年に歩道通行禁止の方針に転じている（警察庁調査）。

私は歩道通行では少し苦い思い出がある。今から10年以上前（2010年）、北イタリアの大都市ミラノの街なかでシェアリング用の自転車に乗っていた時、後ろからトラムがそれなりのスピードで向かってきたため、思わず横の歩道に乗り上げようとしたら、歩道を歩いていた人たちからの冷ややかな視線を感じた。「歩道は歩行者のもの」という意識がこの地では徹底しているのだなと強く思ったものである。

国土交通省と警察庁が2012年にまとめたガイドライン（「安全で快適な自転車利用環境創出ガイドライン」）では、「自転車の通行は車道が原則」と改めて示し、歩行者と自転車が分離した自転車通行空間の整備を自治体に促した。

その際に、2008年施行の改正道交法を踏まえて、歩道通行は原則禁止と謳いながらも児童・幼児や高齢者の運転、「自転車通行可」の標識があるところのほか、車道を走るのが危ないところでは例外として歩道を通行してもよいと改めて強調したのである。

ただ、先述の通り「歩道を通行することがやむを得ないと認められるとき」など基準内容が曖昧なためか、明らかに基準に当てはまらないその他の多くの歩道にも自転車が通ることが日本各地で日常茶飯事の風景となってしまい、またそれを警察が黙認する状況が続いている。

今回の電動キックボードも速度制御を条件に歩道通行を例外的に認めようとしているのは、「原則禁止」と唱えながら、自転車が安心して走れる専用の通行空間づくりが思ったほど進まないため、自転車の歩道通行を黙認してきた道路交通政策を半ば正当化することになりはしないかと疑いたくもなるのである。

検討会では賛否両論があったというが……

規制緩和を求める事業者の声を受けた自民党ＭａａＳ議員連盟の指示や、規制緩和による新たなビジネスの創出を推進する経済産業省のプッシュを受けて、警察庁が今回の規制緩和のあり方を議論する場として設けた有識者検討会。メンバーは学者（交通計画1人、法律分野2人の計3人）、行政（茨城県つくば市長）、関係団体（身体障害者団体、自動車技術関係団体、自動車利用関係団体、ＰＴＡ、物流団体）、コンサルタント（マッキンゼー&カンパニー）、自動車ジャーナリストの計11人で構成された。2020年7月2日に第1回会合を開催。以降、2021年11月16日の最終会合まで計9回開催し、「歩道通行については賛否両論であった」（最終報告書）という。

議事要旨を読むと、中間報告書案が議論された2021年4月12日開催の第7回会合には歩道通行に慎重な対応を求める委員の声が記載されているが、最終報告書案が示された第9回会合の議事要旨には該当する発言は記載されていなかった。歩道通行に反対する意見は最終会合まで出されたともいわれるが、公開されている議事要旨には載っていない。

バード・ライズの日本側運営パートナー会社BRJの宮内秀明社長は改正法成立について「（事業にとって）追い風になる」と喜ぶが、歩道通行には慎重な姿勢を示している。既に機体に内蔵したGPS機能により、遠隔操作で走行不可エリアの設定のほか、特定エリアでは最大速度を制限できる仕組みになっているとしているが、今のところ歩道走行は積極的には考えていないという。

私の運転体験からも言えるのは、電動キックボードは同じ電動式でも電動自転車とは違い、場合によっては危険な凶器になり得るということである。電動自転車はまずはペダルを漕ぐという人力が運転のスタートにあるが、電動キックボードはボタンひとつを押しただけで、勢いよく進んでしまう。健常者でも慌てるなどすると、アクセルとブレーキを混同しやすい。歩道上でちょっとした操作ミスで歩行者に危害を加える恐れがある。

心配な歩道での車道モード走行

歩道走行時の車道モードでの走行も懸念される。

車両の技術基準を定める道路運送車両法を所管する国土交通省は、最高速度（時速）20㎞の電動キックボード（「特定原付」）に関して、同法に基づく安全対策となる保安基準の細目を定めた改正省令を2022年12月23日に公布（同日施行）した。「小型、低速」という特性を踏まえて、新たに備えなければならない装置を定めたものだ。バックミラーやナンバー灯は不要としたが、新たな装置として尾灯や制動灯、方向指示器、スピードリミッター（設定最高速度を超えて加速させないこと）の機能などが必要になるが、とりわけ重要なのが、最高速度の設定に応じて点灯・点滅が切り替わる「最高速度表示灯」である。

車体の前後に緑色の表示灯を装備。車道や自転車道・自転車レーンで走行中には常時点灯、例外的に通行が許可されている歩道（自歩道）で走る場合には点滅させるよう求めた。

気になるのは、同一の車両で速度制御により車道から歩道に通行場所が移れることだ。その場合、設定最高速度が2種類以上あることが条件になるが、保安基準の「速度抑制装置の装備」により、走行中には設定速度を変えられないものを特定原付の対象にしている。つまり、車道モードから歩道モードへの切り替え作業はあくまでも車両の停止が前提になる。

ただ、歩道走行をした電動キックボードが速度モードを切り替えず、そのまま車道走行のスピードで走る可能性がないとはいえない。故意ではない場合を含め、法律を順守しないケースは必ず出てくると思った方がいいだろう。

施行当初はおそらく警察も現場指導に力を入れるだろうが、その先はどうなるだろうか。「歩道での違法走行など違反行為が増え、その実態が「ユーチューブなど動画で拡散されて初めて国民的な議論が盛り上がることをむしろ期待しているのではないか」（関係者）との声も早くも出始めている。

最高時速６㎞以下の「自動歩道通行車（道交法での呼び名は「特例特定小型原動機付自転車」）」として位置付けられる電動３輪車や電動車椅子などに関しても、運転者の操作次第では歩行者との接触・衝突の危険性が高まることはないのだろうか。

このまま手をこまねいていては、新たな交通主体が乱立し、街なかや都市の交通はカオス化してしまいかねないだろう。

求められる都市交通政策の視点

自動運転でもそうだが、近年における新たな電動モビリティをめぐる動きでも、そのほとんどがＩＴ（情報技術）やＡＩ（人工知能）など科学技術の急速な進展を背景に、規制緩和による新産業育成や新たなビジネスチャンスを狙う民間企業サイドから出ている。消費者サイドの利便性からみれば良さそうにみえるが、安全面などに配慮した都市交通やまちづくりの視点からのアプローチがきわめて少ない。

電動キックボードの安易な歩道走行をさせないためには、まずは車道を削り、自転車レーンなど電動キックボードなども走行できるようになる専用の通行空間を増やすなど道路空間の再配分が必要だろう。

実現は容易ではないが、もう一つの方向として考えられる対策は、道路デザイン再構築の一環として、都市の中心部を低速化することである。ITジャーナリストの佐々木俊尚氏も「シェア交通で低速化する都市」のタイトルで新聞に寄稿した記事の中で、同様の意見を述べている（2021年11月22日付け日本経済新聞朝刊・経済教室面所載の外部識者コラム「私見卓見」）。

この中で同氏はパリが2021年8月に市内のほぼ全域で自動車の制限速度を時速30kmに設定したことを例に、日本での自転車や電動キックボードのシェアリングなど中・低速のモビリティの普及には、パリのように都市全域を低速化させるなど「道路デザインの再構築が必要になってくるのではないだろうか」と展望している（ちなみに、パリでは2018年にヨーロッパで初めて電動キックボードのシェアリングが開始されたが、その後、事故の増加や不適切な駐輪で規制強化や廃止を求める声が高まり、2023年4月2日、民間事業者によるシェアリング・サービスを受け入れ続けるかどうかを問う住民投票が実施され、反対が約89％と大多数を占め、アンヌ・イダルゴ市長は市内に計1万5000台を配備している3事業者との契約について、同年8月末の契約期間満了をもって受け入れを打ち切る意向を表明した＝2023年4月3日付け東京新聞速報版、同日付け西日本新聞夕刊・共同通信配信）。

都市交通計画の専門家である太田勝敏・東京大学名誉教授もこんなことを言っている。

「20世紀の都市交通政策は意図的な戦略ではなく、結果として自動車依存社会の許容・推進だった。その失敗を繰り返してはいけない。……（電動キックボードなど新種の乗り物の公道走行に触れて）日夜新しい技術やサービスが開発されていることは技術革新のためには良いが、交通サービスを社会のシステムとして活用していくためには、ルールが必要」（日本都市計画学会「都市計画」353号、2021年11月刊）

21世紀に入ってから既に20年超が経ったが、新たな多様性の波が押し寄せる都市交通をどう舵取りしていくのか。今度こそ自発的な政策を打ち出せないようでは、都市交通はカオスへ向かいかねないだろう。

あとがき

「衣食住」ではなく、「衣食住交」という言葉が使われることがある。本書で何度か言及した岡並木さんは生前、「衣食住交」という言葉で考えなければならない時代がとっくに来ている、とよく話していた。ここでの「交」とは交通（移動）を指し、衣食住とともに交通も人々が日々の生活を営むうえで大切であるという意味を含んでいる。

ただ、選挙の票に結び付きやすい道路建設は別として、人々が日ごろ利用する公共交通や歩道環境などは少なくとも日本では政策課題としてはそれほど重要視されずにきた。公共交通に関してはこれまで民間事業者が何とかビジネスとして頑張ってきたこともあるが、全般的には政治家が交通にはあまり関心を示してこなかったことが大きいと思う。

1960年代から70年代にかけて東北訛りの独特のズーズー弁で親しまれた元日本社会党委員長の故佐々木更三氏。ある時、岡さんのインタビュー取材に「チミ、交通なんて政治にならんのよ」と答えたという。交通は衣食住と並ぶほど国民にとって大きな問題になっていたのに、社会党の政治家ですら交通に関してはその程度の意識だったと、岡さんから聞いたことがあった。

だが、今でも交通に対する政治家の関心の低さは残念ながらそれほど変わっていないように思う。

元富山市長の森雅志さんから、こんな話を聞いたことがある。地方視察で全国のまちづくりの成功事例として富山市を訪れ、同市の中心市街地再生の起爆剤として完成したばかりの路面電車（トラム）の環状路線に乗った安倍晋三首相（当時）に対し、同行した森さんが「総理のおかげで創設されました路面電車の上下分離制度（活性化再生法で導入）で路線の環状化が可能になりました」と伝えたところ、安倍首相はきょとんとした顔で「そうだったんですか」と他人事のような返答をしたという。

欧米では政治家が主導し、新しい交通社会をつくってきたと言ってもいいだろう。2000年にフランスの地方都市ストラスブール市のローラン・リース市長（当時）にインタビューした際も、既に力を入れ始めていたクルマ社会是正のためのトラム路線のネットワークづくりがまちづくりにとっていかに大事なのか、なぜ首都のパリは相変わらずクルマ偏重の都市構造を見直さないのかと明快に語っていたのを今でも思い出す。

最近ではそのパリでも女性市長のアンヌ・イダルゴ氏が、徒歩または自転車で15分以内に職場や学校、買い物、公園など街の基本的な機能にアクセスできるようにする「15分圏構想」を打ち出して注目された。イタリアの経済都市ミラノ市でもジュゼッペ・サーラ市長の主導で、コロナ後をにらみ、市内の道路35㎞を対象に車道を削減し、その分を歩行者と自転車のための空間として広げる「開かれた道路空間計画」を2020年4月に発表、実行に移し始めている。

翻って、日本の取り組みはどうか。依然として役所主導、しかも道路交通規制権限を握る警察を含めた縦割り行政のためか、欧米のような革新的な取り組みは遅々として進まない。本書で主張してきた従来のパラダイムを超えた「とんがった」議論を形にしていくのは、いくら優秀な役人がいても、実現は難しいだろう。やはり、基本的な方向を指し示していくのは政治だと思う。

地域のまちづくりにとって、先導する自治体の首長の存在が重要なことは論を俟たない。だが、自治体トップの力だけでは課題解決に限界があるのも事実だ。首長らの先進的な取り組みを促すような税財源など国レベルの制度づくりが欠かせないし、とりわけ日本ではそれがあまりにも遅れているのだ。欧米の取り組みはそのことを雄弁に物語っているのではないだろうか。

他の重要課題でもそうだが、交通に関しても「とんがった」議論は日本では大きな潮流にはなりにくい。鉄道の上下分離などは徐々に欧米に近づいてきているが、公共による運営費支援を支える税財源などより抜本的な制度改革については、事業者など実務関係者はもとより、研究者の世界でも突っ込んだ議論が幅広く行われているとは必ずしも言えない。さらに、本来、活発な言論を旨とすべき新聞などメディアでもそうした議論はあまり見かけない。そう簡単に世の中はドラスティックに変わるものではないとの諦観にも近い冷めた気持ちが根底にあるのだろうか。

確かに、利用客の大幅減で深刻な経営難に直面するJRのローカル線問題ひとつとっても一筋縄ではいかない。当初、24兆円に上った巨額の旧国鉄債務を国民の負担にすることでJRが誕生した経緯から、JRへの税金投入などは国民の理解が得られるわけもなく論外といった声は財務省だけでなく国交省にも根強くある。

だからと言って、対症療法的な施策を積み重ねていくだけでは、ローカル線の廃止は広がっていくだけだろう。本書でも具体的な処方箋を示しているわけではないが、第2章の最後で示したように、交通税など独自の税財源に裏付けられた国の強力な財政支援制度や、それに基づいた広域的な行政組織による上下分離の導入など中長期をにらんだ見取り図の提示が急務だ。

公共の関与を今以上に強めていかなければならないのは、もちろんローカル鉄道に対してだけではない。本格的な超高齢社会の到来でますます重要性が高まる国民の日常の移動の足を支える交通環境全般に言える。

このまま、長期的なスパンに立った抜本的な議論を活発にしていかなければ、地域の公共交通全般がより一層衰退したり、歩道環境のカオス化が深刻になったりするなど、本当に「交通崩壊」を迎えるような取り返しのつかない状況になってはしまわないだろうか。そうした危機感のようなものが本書を書く最大の動機になった。

「交通崩壊」というややショッキングなタイトルではあるが、本書の特徴として一言申し上げたい。交通の中でも陸上交通（物流は除く）に限定しているものの、「交通崩壊」として扱う対象はローカル鉄道、路面電車など地域の公共交通だけでなく、EV（電気自動車）化や自動運転化の動きを強めるクルマと社会のこれからの関係、自転車に加え電動キックボードなど新たな電動モビリティに脅かされる歩道環境など広範な分野に及んでいる。いずれの分野もガラパゴス的な状況に陥っており、その意味で「崩壊」の危機は交通全般に及んでいるという認識である。

だいぶ昔、「作家は処女作に向かって成熟する」という一節を読んで、なるほどと感じ入ったことがある。後で調べたら、文芸評論家の亀井勝一郎が述べた言葉であることを知った。処女作にその作家の原点があり、そこに成熟しながら回帰していくという意味のようだが、このことは作家の創作に限らず多くの仕事に共通するものではないかと思う。まことに僭越ながら、本書も初の単著（『交通まちづくりの時代——魅力的な公共交通創造と都市再生戦略』、2002年刊）を書いた時と基本的な問題意識や考え方は変わっていないし、むしろより深まったとさえも思っている。

今から20年以上前にフランスのストラスブールなど、歩行者主体のまちづくりや「トラム・ルネサンス」で沸き返る欧米の都市を現地でつぶさに見て、同じ人間のつくるまちとして日本でも同じような風景が見られないわけがないという思いが前著を貫く通奏低音のようなものだった。今では半ば諦めの気持ちも同居するが、その「新しい景色」を日本の多くの地でも見てみたいという願いのようなものは持ち続けている。

本書は、コロナのパンデミックが始まった2020年3月から、交通の月刊研究専門誌「運輸と経済」に毎月書いている連載コラム「交通時評」の記事をベースに、新たな章の書き下ろしを含め再構成し大幅に加筆修正してまとめた。連載記事執筆のお誘いをいただいた一般財団法人交通経済研究所の関係者の皆さんにはこの場を借りて御礼を申し上げたい。また、より多くの読者に読んでもらえる新書として世に問いたいという考えから出した企画案を受け入れてくれた新潮社ならびに、担当編集者として本書で展開した筆者のメッセージに共感していただいた新潮新書編集部の横手大輔氏、大古場春菜氏にも感謝の意を表したい。細かな事実関係のチェックを含め、大変行き届いた校正作業をしていただいた校閲担当者にも心から謝意を申し上げたい。もちろん、最終的な文章上の責任が著者にあることは言うまでもない。

最後に、本書が提言の書として多くの国民に今後の日本における交通のあり方を考えてもらう上で参考になれば、著者としてこれに勝る喜びはない。

2023年4月

市川嘉一

主要参考文献

（第1章）

・市川嘉一『交通まちづくりの時代――魅力的な公共交通創造と都市再生戦略』（ぎょうせい、2002年）
・岡並木『都市と交通』（岩波新書、1981年）
・岡並木『本音が求める交通環境――交通担当編集委員の眼』（勁草書房、1997年）
・市川嘉一・幸山政史・望月正彦ほか『「足」を守る――地域公共交通の将来』（公益財団法人後藤・安田記念東京都市研究所、「都市問題」公開講座ブックレット32、2014年）
・土方まりこ「ドイツの地域鉄道政策における『生存配慮』概念の意義」（「交通学研究」第61号、2018年）
・Carmen Hass-Klau, Bus or Light Rail: Making the Right Choice, Environmental & Transport Planning, 2003

（第2章）

・今野圓輔『柳田國男先生随行記』（河出書房新社、2022年）
・ジャン・デ・カール『オリエント・エクスプレス物語――大陸横断寝台列車』（中央公論社、1982年）
・鉄道事業者と地域の協働による地域モビリティの刷新に関する検討会『地域の将来と利用者の視点に

立ったローカル鉄道の在り方に関する提言』(国土交通省、2022年)
・老川慶喜『日本鉄道史　昭和戦後・平成篇』(中公新書、2019年)
・石井幸孝『国鉄――「日本最大の企業」の栄光と崩壊』(中公新書、2022年)
・財団法人道路経済研究所「総合的な交通計画に関する研究――都市交通政策事例の研究　フランスとアジア」(道路経済研究所、1996年)
・公益財団法人日本都市センター『次世代モビリティ社会を見据えた都市・交通政策――欧州の統合的公共交通システムと都市デザイン』(日本都市センター、2020年)
・西村弘『クルマ社会アメリカの模索』(白桃書房、1998年)
・宇都宮浄人『地域公共交通の統合的政策――日欧比較からみえる新時代』(東洋経済新報社、2020年)
・斎藤峻彦『鉄道政策の改革――鉄道大国・日本の「先進」と「後進」』(成山堂書店、2019年)
・高橋伸夫『鉄道経営と資金調達――経営破綻を未然に防ぐ視点』(有斐閣、2000年)
(第3章)
・市川嘉一「欧米における地域公共交通の運営――サービスの利便性向上と財源調達」(「運輸と経済」第72巻第8号、2012年8月号)
・市川嘉一「サステイナブル都市と公共交通システムの革新」(「都市問題研究」第59巻第12号、684号、2007年)

・市川嘉一「まちづくりの『成功モデル』ポートランドに関する考察――都市政策の方法論としてのNew Urbanism とその適用可能性に着目して」(「立飛総研リポート」第1号、立飛総合研究所、2019年)
・ヴァンソン藤井由実『ストラスブールのまちづくり』(学芸出版社、2011年)
・青木亮・湧口清隆『路面電車からトラムへ――フランスの都市交通政策の挑戦』(晃洋書房、2020年)
・公益財団法人日本都市センター『都市自治体による持続可能なモビリティ政策――まちづくり・公共交通・ICT』(日本都市センター、2018年)
・公益財団法人日本都市センター『モビリティ政策による持続可能なまちづくり』(日本都市センターブックレットNo.40、2019年)
・Michael Taplin, SYSTEM OPENINGS 1978-2021, THE TRAMS RETURN, Mainspring, 2021
・Metro Report International, Autumn 2021,Railway Gazette

(第4章)
・「独占インタビュー　トヨタ豊田章男社長　すべての疑問に答える!」(「文藝春秋」2022年1月号、文藝春秋)
・清水和夫「EV嫌いがEVの魅力を探る」(「CG」2021年3月号、カーグラフィック)
・中西孝樹『自動車 新常態《ニューノーマル》――CASE/MaaSの新たな覇者』(日経BP・日本経済新聞出版本部、

・折口透『自動車の世紀』（岩波新書、１９９７年）
・中西孝樹『ＣＡＳＥ革命――ＭａａＳ時代に生き残るクルマ』（日経ビジネス人文庫、２０２０年）
（第５章）

・佐野裕二『自転車の文化史』（中公文庫、１９８８年）
・古倉宗治『成功する自転車まちづくり――政策と計画のポイント』（学芸出版社、２０１０年）
・疋田智『だって、自転車しかないじゃない』（朝日文庫、２０１３年）
・秋山岳志『自転車が街を変える』（集英社新書、２０１２年）
・『多様な交通主体の交通ルール等の在り方に関する有識者検討会報告書』（警察庁、２０２１年）
・一般社団法人立飛総合研究所「追跡調査・電動キックボードの利用意向」（「立飛総研リポート」第７号、立飛総合研究所、２０２２年）
・太田勝敏ほか「ポスト・コロナ時代の都市交通計画のあり方」（日本都市計画学会「都市計画」第70巻第６号、３５３号、２０２１年、「特集：モビリティ新時代がもたらす都市の未来」所載）
・久保田尚ほか「これからの都市交通への期待」（日本都市計画学会「都市計画」第70巻第６号、３５３号、２０２１年、「特集：モビリティ新時代がもたらす都市の未来」所載）

年表　戦後日本の交通をめぐる歩み（網掛けは欧米の出来事）

1949年　国鉄（日本国有鉄道）発足
1952年　道路法施行
1954年　戦後最初の地下鉄として、帝都高速度交通営団（現・東京地下鉄）が丸ノ内線・池袋〜御茶之水間開業
1960年　道路交通法施行。自転車は車両、車道通行が原則と明記
1962年　デンマーク・コペンハーゲンの都心部の通りが歩行者専用道路に
1964年　米国連邦政府、地域公共交通整備を助成する「都市大量公共輸送法」制定
　東海道新幹線（東京〜新大阪間）が開業
1965年　ドイツ・ハンブルクでドイツ国鉄の近郊鉄道、地下鉄、バスなどの共通運賃・ダイヤ調整を実施する運輸連合が誕生（共通運賃は1967年に導入）
1970年　東京・銀座で休日など限定の歩行者用道路として「歩行者天国」が始まる
1971年　フランス政府、地域公共交通の税財源として「交通税」を創設。まずパリ首都圏に導入（1973年に導入対象を地方都市圏に拡大）
　ドイツ連邦政府、「都市交通改善助成法」（GVFG）を制定。鉱油税（＝ガソリン税）引き上げ分の大半を近距離公共交通の整備財源に
1972年　東京都、荒川線を残して都電を廃止
　北海道旭川市で道路法に基づく恒常的な歩行者街路が誕生
1978年　道路交通法の改正で、自転車の歩道通行が認められる

１９７８年　カナダ・エドモントン市で「ＬＲＴ」と呼ばれる現代的な運行システムである路面電車が誕生（その後、世界各地で同様の「ＬＲＴ」導入広がる）
１９８２年　フランス政府、「国内交通基本法」（ＬＯＴＩ）を制定。国民の「移動権」を制度的に保障
米国連邦政府、「陸上交通援助法」制定。道路財源であるガソリン税引き上げ分を恒常的に公共交通の整備に転用
１９８５年　フランス・ナント市で現代的なトラムが誕生。その後、フランスの各都市で導入広がる
１９８７年　国鉄の分割・民営化実施。ＪＲ旅客６社、ＪＲ貨物が誕生
１９９１年　米国連邦政府、「総合陸上交通効率化法」（ＩＳＴＥＡ）を制定。地域主体の交通政策を確立
１９９７年　旧建設省、ガソリン税を財源とする道路整備特別会計により、路面電車の軌道路盤整備費の半額を助成する制度創設（現「社会資本整備総合交付金」）
２００２年　ＪＲ東日本、完全民営化を実現（ＪＲ西日本の完全民営化は２００４年、ＪＲ東海は２００６年）
２００６年　富山市、市の三セク会社「富山ライトレール」を運行主体にした一種の上下分離手法により、旧ＪＲ富山港線を路面電車として再生
２００７年　地域公共交通活性化再生法を施行（翌年に法改正し、地方鉄道の上下分離導入が可能に）
２０１３年　交通政策基本法を施行

２０１６年　ＪＲ九州、完全民営化を実現
ＪＲ北海道、「単独では維持困難な線区」（10路線13線区）を発表（うち輸送密度２００人未満の5路線5線区は廃線・バス転換を求める）
２０２０年　道路法の改正で、車道削減により歩道幅を広げられる「歩行者利便増進道路」（通称「ほこみち」）を制度化
茨城県境町で国内初の公道での自動運転バスの定常運行始まる
２０２１年　福井県永平寺町で国内初の遠隔監視での無人自動走行車両の定常運行開始
米国で地域公共交通の新規投資や高速鉄道整備などを盛り込んだ総額１兆ドル規模のインフラ投資法（２０２２―２０２６年）が成立
２０２２年　ＪＲ西日本、輸送密度２０００人未満のローカル線（計17路線30区間）の区間別収支を初公表（この後、ＪＲ東日本も同様の区間別収支を公表）
電動キックボードなど新たな電動モビリティの交通ルールや、自動運転の高度化（「レベル４」）の規定を盛り込んだ改正道路交通法が成立
国交省検討会、ローカル鉄道のあり方に関する報告書を作成。輸送密度１０００人未満等の線区には国主導での協議会設置などを求める
２０２３年　自動運転「レベル４」の公道走行や、遠隔操作による自動配送ロボットの歩道・路側帯通行が認められる（4月）
最高時速20㎞の電動キックボードの車道・自転車レーンなどでの走行認められる。同６㎞の速度制御条件に原則禁止の歩道通行も可能に（7月）
栃木県宇都宮市・芳賀町で路面電車の運行開始（8月）

市川嘉一　都市・交通ジャーナリスト。博士(学術)。1960年生まれ。84年早稲田大学卒業、日本経済新聞社入社。「日経グローカル」主任研究員などを経て2018年退社。主著に『交通まちづくりの時代』。

Ⓢ新潮新書

997

交通崩壊《こうつうほうかい》

著　者　市川嘉一《いちかわかいち》

2023年 5月20日　発行

発行者　佐　藤　隆　信

発行所　株式会社 新潮社

〒162-8711　東京都新宿区矢来町71番地
編集部 (03)3266-5430　読者係 (03)3266-5111
https://www.shinchosha.co.jp

装幀　新潮社装幀室
組版　新潮社デジタル編集支援室

印刷所　株式会社光邦
製本所　株式会社大進堂

ISBN978-4-10-610997-3 C0265

価格はカバーに表示してあります。